SILVIA C. STRAUCH
DAS FOHLENBUCH

Silvia C. Strauch

Das Fohlenbuch

Zucht, Aufzucht und Erziehung von Jungpferden

LEOPOLD STOCKER VERLAG

GRAZ – STUTTGART

Titelbilder: Bildagentur Mauritius, Wien
Bilder im Textteil: Barbara Schneider, Strengberg (Seite 15, 125, 135); Margarethe Wolf,
St. Florian b. Linz (Seite 56, 69, 91); die restlichen Fotos wurden von der Autorin zur
Verfügung gestellt

Die Deutsche Bibliothek – CIP-Einheitsaufnahme

Strauch, Silvia Christine:
Das Fohlenbuch : Zucht, Aufzucht und Erziehung von Jungpferden / Silvia Chri-
stine Strauch. – Graz ; Stuttgart : Stocker , 2002
  ISBN 3-7020-0945-0

Hinweis:
Dieses Buch wurde auf chlorfrei gebleichtem Papier gedruckt.
Die zum Schutz vor Verschmutzung verwendete Einschweißfolie ist aus Polyethylen chlor- und
schwefelfrei hergestellt. Diese umweltfreundliche Folie verhält sich grundwasserneutral, ist voll
recyclingfähig und verbrennt in Müllverbrennungsanlagen völlig ungiftig.

ISBN 3-7020-0945-0
Printed in Austria
Layout: Klaudia Aschbacher, A-8101 Gratkorn
Gesamtherstellung: Druckerei Theiss GmbH, A-9400 Wolfsberg

INHALTSVERZEICHNIS

Pferdezucht

ZUM THEMA

Beinahe jeder Pferdehalter, und gerade der Freizeitreiter, stellt sich irgendwann die Frage, ob er ein eigenes Fohlen aufziehen soll. Gerade wenn man eine Stute besitzt, überlegt man schnell, ob man sie vielleicht decken lassen soll, um nach erfolgter Trächtigkeit und Geburt ein eigenes Fohlen aufwachsen zu sehen.

Ist dann noch ein eigener Stall vorhanden, so liegt klar auf der Hand, daß ein selbst aufgezogenes Pferd wesentlich preisgünstiger kommen wird, als wenn man es im erwachsenen Alter kauft. Wieviel Verantwortung hinter solch einem Entschluß steckt, ist allerdings den Wenigsten bewußt. Grundvoraussetzung ist natürlich eine entsprechende Haltungsmöglichkeit. Schlimm genug, daß normale Reitpferde oftmals in Boxen-Einzelhaft gehalten werden, absolut untragbar ist dies jedoch für eine tragende Stute oder, noch schlimmer, für eine Stute mit Fohlen bei Fuß. Denn auf diese Weise wird schon frühzeitig der Grundstein für gesundheitliche Schäden und Verhaltensstörungen gelegt.

Weitere wesentliche Punkte sind Bau und Qualitäten der künftigen Zuchtstute und natürlich jene des Hengstes.

Eine Trächtigkeit ist keine Erkrankung, sondern ein natürlicher Vorgang, der im Normalfall problemlos abläuft. Dennoch sollte man sich darüber klar sein, daß der eigene vierbeinige Nachwuchs eine Menge Arbeit und Kosten verursachen kann, ehe das Fohlen zum Pferd herangewachsen ist.

Andererseits gibt es kaum etwas Beglückenderes im Leben eines Pferdehalters, als ein Fohlen aufwachsen zu sehen. Ein Fohlen, das man vom Zeitpunkt seiner Geburt an auf seinem Lebensweg begleitet, bekommt ein solch enges Verhältnis zu jenen Menschen, die es aufziehen, wie es bei einem gekauften, erwachsenen Pferd selten der Fall sein wird. Richtigen Umgang mit ihm vorausgesetzt, wird es zu einem echten Lebenspartner heranwachsen.

ZUCHTZIEL

Zucht soll keine bloße Vermehrung sein, sondern sie muß mindestens der Erhaltung, möglichst aber der Verbesserung der vorhandenen Qualitäten der Elterntiere dienen. Viele Pferdebesitzer meinen, beim Familienfohlen könne die Qualität vernachlässigt werden, da man keine besonderen Anforderungen an das Tier stellt. Mit der Züchtung eines Fohlens nimmt man aber letztendlich die Verantwortung für ein Pferdeleben auf sich, das 20 bis 30 Jahre dauern sollte. Wer kann voraussehen, was die Zukunft bringen wird. Ob man nicht unter Umständen dazu gezwungen sein könnte, das liebgewonnene Tier aus wirtschaftlichen Gründen zu verkaufen? Jene auf dem Pferdemarkt minderwertigen Pferde werden früher oder später meist als Schlachtpferd verkauft. Will man sein Pferd davor bewahren, so ist seine hohe Qualität der beste Schutz. Um die größtmögliche Gewähr hierfür zu haben, ist es enorm wichtig, die Vorfahren der Elterntiere zu kennen und somit weitestgehend zu wissen, welche Eigenschaften und äußeren Merkmale unter Umständen vererbt werden können. Treten solche Eigenschaften über mehrere Generationen hinweg zuverlässig auf, spricht man von Linienzucht. Dies bedeutet, daß die Vererbung relativ stark gesichert ist.

Die Zucht sollte immer der Verbesserung der Rasse dienen

Auch wenn bei beiden Elternteilen jeder für sich vorzügliche Merkmale aufweist, heißt das noch lange nicht, daß die Anpaarung funktionieren wird und die Nachzucht ebenso gut sein wird.

Grundlegende Auswahlkriterien sind: **Abstammung, Exterieur, Bewegungen, Charakter** und **Leistungen**.

Um eine Abstammung richtig beurteilen zu können, benötigt man viel Erfahrung. Besitzt man diese nicht, sollte man sich nicht scheuen, Ratschläge von kompetenten Fachleuten einzuholen. Das Pferd muß korrekt gebaut sein und sollte im ausgeprägten Rassetyp stehen, wobei auch ein attraktives Äußeres nicht zu vernachlässigen ist. Mit dem Aussehen hängen auch seine Bewegungen eng zusammen. Das Pferd sollte im Gleichgewicht gehen und sich weich und flüssig bewegen. Auch der Charakter des Pferdes, seine sogenannten inneren Qualitäten, sind von ausschlaggebender Bedeutung. Der Charakter hängt eng mit den Leistungen zusammen, die ein Pferd zu erbringen bereit ist.

Bei der Auswahl des Hengstes sollte man darauf achten, daß er vom Typ her dem der eigenen Stute nahekommt. Er sollte natürlich nach Möglichkeit noch korrekter gebaut und leistungsstärker sein als die Stute. Dabei ist durchaus zu beachten, daß es Hengste gibt, die selbst nie besondere Leistungen erbracht haben, dennoch aber überdurchschnittliche Fohlen gezeugt haben. Andere wiederum haben durchaus Überdurchschnittliches geleistet, aber dennoch nicht unbedingt gute Nachzucht erbracht. Allerdings ist dabei auch immer ins Kalkül zu ziehen, welche Qualität die Stuten hatten, die dem Hengst zugeführt wurden. Man sollte sich also nach Möglichkeit eingehend die Nachzucht eines Hengstes ansehen.

Der ideale Hengst für Ihre Stute sollte folgerichtig ein Tier sein, das durch seine Erscheinung deutlich über das Mittelmaß hinausgeht, dabei dem entsprechenden Rassetyp voll entspricht, das hervorragende Leistungen erbracht hat, das väter- und mütterlicherseits nach Ihren Vorstellungen liniengezogen ist und natürlich auch schon beste Nachzucht hervorgebracht hat, überdies sollte der Hengst charakterstark sein und einem verantwortungsbewußten Hengstbesitzer gehören, der ihn artgerecht untergebracht hat.

So – nun machen Sie sich mal auf die Suche...

DECKEN

Stuten werden im allgemeinen im Alter von zwei Jahren paarungsbereit. Oftmals wird empfohlen, sie in diesem Alter, also noch bevor sie eingeritten werden, decken zu lassen, und erst, nachdem sie ein Fohlen hatten, einzureiten, weil sie dann angeblich ruhiger sind. In diesem Alter ist die Stute jedoch weder physisch noch psychisch erwachsen. Wird sie zu diesem frühen Zeitpunkt gedeckt, bleibt sie in ihrer körperlichen Entwicklung zurück.

Es gibt früh- und spätreife Rassen unter den Pferden. Im allgemeinen ist ein Pferd im Alter von vier Jahren physisch und psychisch ausgereift, manche Rassen auch erst mit fünf bis sechs Jahren. Dies ist demzufolge auch das frühestmögliche Alter, um das Pferd decken zu lassen. Andererseits sollte die Stute das erste Mal gedeckt werden, bevor sie zehn Jahre alt ist, dann ist nämlich die Aufnahmebereitschaft am größten. Stuten können bis ins hohe Alter ohne Schwierigkeiten Fohlen bekommen. Man sollte sie allerdings nicht, wie in manchen Zuchtbetrieben üblich, jedes Jahr decken lassen, sondern höchstens alle zwei Jahre, wie es auch in der freien Natur üblich ist.

Der **Fortpflanzungszyklus** einer Stute dauert in der paarungsbereiten Jahreszeit etwa 21 Tage. Das heißt der gesamte Geschlechtszyklus erstreckt sich über 21 Tage. Die eigentliche **Rosse** (*Östrus*) dauert im Durchschnitt 4–6 Tage. Der Eisprung erfolgt normalerweise 24 Stunden vor dem Ende der Rosse. Während dieser Zeit ist die Stute dem Hengst gegenüber freundlich gesonnen. Darauf folgt eine Periode von 14–16 Tagen (*Diöstrus*), während der die Stute von Hengsten nichts wissen will. Ursache dafür ist, daß sich nach dem Eisprung ein Gelbkörper entwickelt, der zuständig ist für die Produktion des Hormons Progesteron.

Der Geschlechtszyklus wird durch ein kompliziertes Zusammenspiel von Hormonen gesteuert. Dabei wird aus der Hirnanhangdrüse das Hormon FSH (*Follikelwachstumshormon*) freigesetzt. Unter seiner Wirkung entwickeln sich mehrere Eiblasen (*Follikel*) in den Eierstöcken. Einer, manchmal auch zwei dieser Follikel werden größer als die anderen. Erreicht dieser Follikel eine bestimmte Größe, beginnt er das Hormon Östrogen, das Brunsthormon, zu produzieren. Dieses ist verantwortlich für die Veränderungen der Stute in ihrem Verhalten dem Hengst gegenüber. Durch das Östrogen wird ein weiteres Hormon, das LH (*Follikelreifungshormon*), aus der Hirnanhangdrüse freigesetzt, welches den Eisprung auslöst. Die Eizelle bewegt sich daraufhin Richtung Eileiter, wo eventuell die Befruchtung stattfindet. Die im Eierstock zurückgebliebene Follikelhöhle füllt sich mit einem Blutgerinnsel und wird zum sogenannten Gelbkörper. Dieser produziert das Hormon Progesteron. Nach ungefähr 16 Tagen sorgt das in der Gebärmutterschleimhaut gebildete Prostaglandin dafür, daß der Gelbkörper abgebaut wird und der Zyklus wieder beginnen kann. Im Falle einer Trächtigkeit wird dieses Signal unterbunden.

Die Chancen einer Befruchtung sind am größten, wenn kurz vor dem Eisprung gedeckt wird. Der Tierarzt kann die Stute rechtzeitig mittels Ultraschall untersuchen, um festzustellen, ob ein Follikel reif ist, ob es also der Wahrscheinlichkeit nach zum Eisprung kommt und wann somit ein Deckakt sinnvoll ist. Bei jungen Stuten kommt es durchaus vor, daß sie zwar rossig werden, aber keinen reifen Follikel bilden, sie also gar nicht aufnehmen können, egal, wie häufig sie gedeckt werden.

Die biologisch natürliche Deckzeit erstreckt sich von Mai bis Juli, mit Einschränkung auch noch bis September. In dieser Zeit werden die Stuten in wild lebenden Herden gedeckt. Keinesfalls im Januar bis April, wie es hierzulande bei der geplanten Zucht aus verschiedenen Gründen üblich ist.

Im Frühjahr nehmen Temperatur, Lichtdauer und Sonnenintensität zu. Dadurch wird auch die ß-Karotin-Produktion in der Natur gesteigert. Die Ernährung beim frei lebenden Pferd wird wieder besser, auch die freie Bewegungsmöglichkeit nimmt wieder zu. Jahreszeit, Klima, Haltungsbedingungen, Futter und Lichtverhältnisse wirken auch beim domestizierten Pferd auf den Hormonhaushalt. Diese Faktoren führen dazu, daß die Stuten von Mai bis Juli am leichtesten aufnehmen. Äußere Anzeichen der Rosse sind häufiges Schleim- und Harnlassen und das sogenannte „Blitzen" der Schamlippen.

Eine Stute, die ein Fohlen bekommen hat, sollte nicht gleich wieder in der Fohlenrosse, 7 bis 12 Tage nach der Geburt, gedeckt werden, da die Gebärmutterschleimhaut sich dann noch nicht genügend regeneriert hat. Die Stuten sind zu diesem Zeitpunkt physiologisch noch nicht auf einen neuerlichen Deckakt eingestellt. Werden sie dennoch zu diesem Zeitpunkt gedeckt, wird die Frucht häufig nach ein paar Wochen wieder resorbiert. Werden unsere Pferde artgerecht im Offenstall gehalten, werden die meisten Stuten im Frühjahr, mit Beginn der wärmeren Jahreszeit, mehr Sonne, längeren Tagen und höheren Temperaturen rossig. Dies äußert sich zum Teil sehr unterschiedlich. Es gibt Stuten, die nur still rossen, an ihnen merkt man so gut wie keine Veränderung, obwohl sie, untersucht man sie, durchaus rossig sind. Andere sind in dieser Zeit kaum zu reiten, weil sie zu jedem fremden Pferd drängen und kaum mehr auf den Reiter achten. Zum Teil ist dies natürlich eine Erziehungssache, besonders bei Hengsten. Ein Hengst muß wissen, daß er sich, befindet er sich unter dem Sattel, nicht für andere Stuten zu interessieren hat. Aber ich muß zugeben, daß es durchaus auch Stuten gibt, die trotz guter Erziehung in dieser Zeit schwierig zu handhaben sind. Manchmal legt sich dieses extreme Verhalten nach dem ersten Fohlen.

Bevor man die Stute decken läßt, muß der Tierarzt unbedingt eine Tupferprobe, eine Untersuchung des Scheidensekrets, machen, um sicherzugehen, daß keine Infektion vorliegt, durch die der Hengst und damit auch die nachfolgenden Stuten angesteckt würden. Der beste Zeitpunkt dafür ist während einer Rosse. Die Gebärmutter muß zum Zeitpunkt der Deckung sauber sein. Bei der Deckung der Stute ist ein gewisser bakterieller Befall nicht zu verhindern. Allerdings besitzt eine gesunde, fruchtbare Stute genügend Abwehrkräfte gegen diese Keime, wodurch die Gebärmutter wieder frei von Bakterien ist, bis der Embryo dort eintrifft. Bei Stuten mit Störungen ihres Immunsystems ist dies nicht der Fall, sie nehmen dann entweder gar nicht erst auf oder stoßen die Frucht wieder ab. 4–6 Stunden nach der Deckung befindet sich der Samen im Eileiter, wo er gut vor Infektionen geschützt ist, weil sich zwischen Eileiter und Gebärmutter eine Art Klappe befindet. Ungefähr 6 Tage nach dem Eisprung erreicht der Embryo die Gebärmutter.

Selbstverständlich muß die Stute vor der Deckung auch alle üblichen Impfungen besitzen und möglichst frisch entwurmt sein.

Bei Pferden ist für eine erfolgreiche Paarung ein ausgedehntes Liebesspiel notwendig. Die gesteigerte Erregung löst Kontraktionen der Gebärmutter aus und regt die Sekretproduktion an, wodurch das Ei leichter befruchtet wird. Normalerweise besteht im Herdenleben eine feste Beziehung zwischen Hengst und Stute. Sind die Pferde zusammen im

Ein edler Haflingerkopf

Herdenverband aufgewachsen, kennen sie das entsprechende Sozialverhalten, so daß es beim Deckakt kaum zu Verletzungen kommt. Leider ist dies bei unserer üblichen Pferdehaltung kaum mehr möglich.

Um die Stute decken zu lassen, gibt es verschiedene Möglichkeiten. Bei manchen Rassen, wie zum Beispiel den Isländern, werden neue Stuten einfach zusammen mit den anderen Stuten und dem Hengst auf die Weide geschickt. Dies bedeutet aber für den Hengst wie auch die Stuten enormen Streß, denn sie haben in dieser Zeit nicht nur jede Menge Rangordnungskämpfe in der neuen Herde zu bestehen, verbunden mit der Umstellung vom Heimatstall, es kommt auch noch der Streß der Deckung hinzu. Auf der anderen Seite haben sie auf diese Weise die Möglichkeit, den Deckakt möglichst natürlich zu vollziehen. Sie können umeinander werben, wie sie es in der Natur auch tun würden. Aber es bleibt trotz allem ein nicht zu unterschätzendes Risiko, sowohl für die Stuten als auch den Hengst, da sich die Pferde einfach zu kurze Zeit kennen. Für den Hengst ist die Deckzeit eine gewaltige Strapaze, während der er enorm an Gewicht verliert. Die zu deckende Stutenherde darf für den Hengst auf keinen Fall zu groß werden. Führt man eine kleine Herde rechtzeitig zusammen, in der nicht alle Stuten gleichzeitig rossig sind, und läßt sie lange genug beisammen, ist dies sicherlich eine gute Möglichkeit.

Die meisten Stuten werden allerdings an der Hand gedeckt, mehr oder minder stark gefesselt, damit der Hengst nicht verletzt wird. Pferde in freier Natur haben ein ausgeprägtes Sexualverhalten, das eine langandauernde Werbezeit mit einschließt. Beim Decken an der Hand begnügt man sich damit, daß die Pferde sich beschnuppern, um an der Reaktion festzustellen, ob die Stute deckbereit ist. Ist es der richtige Zeitpunkt, dann siegt die Sexualität auch ohne gegenseitiges Werben. Trotzdem kommt dieses Vorgehen buchstäblich einer Vergewaltigung gleich.

Bei der Zucht sollte man nicht nur auf die Vermehrung achten, sondern durchaus auch hier den Bedürfnissen der Tiere gerecht werden. Dies bedeutet: ein ungezwungenes und unerzwungenes Sexualleben. In Gestüten, in denen prinzipiell an der Hand gedeckt wird, ist die Fruchtbarkeitsquote durchaus nicht so hoch, wie man aufgrund des kontrollierten Deckaktes meinen könnte. Die Natur wehrt sich, indem viele Stuten nicht aufnehmen. Dadurch müssen sie die ganze

Prozedur leider um so häufiger über sich ergehen lassen. Der einzig natürlich ablaufende Deckakt erfolgt innerhalb der Herde mit frei laufendem Hengst und einer altgewohnten Herde. Dies ist leider nur bei Gestüten machbar, die eine Zuchtstutenherde zusammen mit einem Hengst laufen lassen können. Es wird schon schwierig, wenn dieser Hengst für externe Stuten zum Decken aus der Herde geholt werden muß.

Der einzige vernünftige Kompromiß ist die künstliche Befruchtung. Leider ist dies vom Zuchtverband aus nicht bei allen Pferderassen erlaubt. Es wird befürchtet, daß dann eine unkontrollierte Anzahl Nachzucht des gleichen Hengstes erfolgt. Die Folge wären sinkende Preise für die Fohlen. Ich bin durchaus der Meinung, daß ein Hengsthalter die Stuten, die er seinem Hengst zuführt, auswählen sollte. Mit minderwertigen Stuten erfolgt keine gute Nachzucht, und dies kann dem Ruf des Hengstes nur schaden, obwohl er vielleicht gar nichts dafür kann. Leider wird das in den wenigsten Fällen beachtet, und die Stutenbesitzer sind stolz auf ein Fohlen von solch einem Hengst. Ich meine, daß es durchaus möglich ist, Kontrollmöglichkeiten zu schaffen, die sowohl dem Zuchtverband als auch dem Hengsthalter die nötige Kontrolle gewährleisten.

Die instrumentelle Samenübertragung, umgangssprachlich „**künstliche Besamung** oder Befruchtung" genannt, ist keine Entdeckung der Neuzeit. In überlieferten Schriften aus dem 14. Jahrhundert geht hervor, daß hierüber bereits Erfahrungen aus dem arabischen Raum vorliegen. In Europa wurde um die Wende des 19. Jahrhunderts mit Untersuchungen zur Pferdebesamung begonnen. Mit der Zeit wurde die Verfahrensweise immer weiter verbessert und nach dem zweiten Weltkrieg zur Bekämpfung von Deckseuchen eingesetzt. Gerade in den letzten ein bis zwei Jahrzehnten hat der Einsatz dieser Methode in Europa stark zugenommen, dabei hat sich eindeutig das Prinzip der Frischsamenübertragung durchgesetzt. Immer mehr Hengststationen werben mit dem Versand von Frischsamen. Dies ist eine erfreuliche Entwicklung, denn die instrumentelle Besamung bringt für den Stutenbesitzer und den Hengsthalter erhebliche züchterische, wirtschaftliche und veterinärhygienische Vorteile. So gibt es hierbei kein Infektions- und Verletzungsrisiko bei Hengst und Stute. Stark frequentierte Hengste können schonender eingesetzt werden, da ein

Ejakulat für mehrere Stuten verwendet werden kann. Das heißt, der Hengst bzw. sein Sperma kann optimal genutzt werden, und dies bei geringer körperlicher Beanspruchung. Die Samenentnahme kann auch außerhalb der Turniersaison vorgenommen werden, somit besteht eine bessere Kombinationsmöglichkeit von Zucht und Sport. Der Stutenbesitzer hat die Möglichkeit, den für die Zucht optimalen Hengst frei auszuwählen, unabhängig von dessen Standort. Dadurch daß keine Anfahrtswege und Aufenthalte in fremden Ställen anfallen, wird das Streß-, Verletzungs- und Infektionsrisiko von Stute und Fohlen beim Transport und im Fremdstall vermieden. Eine gezielte Besamung zum optimalen Zeitpunkt führt zu höheren Abfohlraten.

Bei der künstlichen Besamung gibt es unterschiedliche Methoden. Da der Frischsamen, sofern er nicht weiter aufbereitet wird, außerhalb des Körpers eine bloße Überlebensdauer von ungefähr 30 Minuten hat, muß er somit sofort übertragen werden, die Stute muß aus diesem Grunde zum Abnahmezeitpunkt auf der Besamungsstation stehen. Deshalb ist dies von untergeordneter Bedeutung und wird in der Regel nur bei Unverträglichkeiten gegen Verdünner, mit denen der Samen im allgemeinen aufbereitet wird, eingesetzt.

Das zur Zeit gebräuchlichste Verfahren ist jene Methode mit dem aufbereiteten Frischsamen. Das Ejakulat des Hengstes wird untersucht, zentrifugiert, verdünnt und danach portioniert und gekühlt. Der Samen kann dann durch Kurierdienste innerhalb eines Tages an fast jeden Ort in Europa transportiert werden, denn durch eine spezielle Verdünnungsflüssigkeit wird der Samen bis zu 48 Stunden haltbar gemacht. Der Samen wird gekühlt verschickt und muß innerhalb von maximal 36 Stunden verbraucht werden. Durch eine entsprechende tierärztliche Kontrolle der Stute kann nun der Samen möglichst nahe dem Eisprung der Stute bestellt und somit zum optimalen Zeitpunkt besamt werden. Das heißt, der Stutenbesitzer bzw. sein Tierarzt ordert den Samen ungefähr 24 Stunden vor der geplanten Besamung. Dieses Verfahren zeichnet sich durch hohe Befruchtungs- und Abfohlraten aus. Aus einem Ejakulat können mehrere Portionen gewonnen werden.

Bei der Methode mit Tiefgefriersamen wird der entnommene Samen nach einem festgelegten Abkühlprozeß bei −196 °C in flüssigem Stickstoff tiefgefroren und gelagert. Dadurch ist die Kombination von Sport und Zucht mit Hengsten problemlos möglich, da Spermareserven in der turnierfreien Zeit angelegt werden können. Allerdings ist nicht jeder Hengst zur Samenübertragung mit Tiefgefriersperma geeignet, das heißt, nicht jeder Samen ist tiefgefriertauglich. Dies ist von Hengst zu Hengst verschieden. Jahreszeit, Gesundheitszustand, Deckbeanspruchung und Alter des Hengstes spielen für die Samenqualität eine ganz große Rolle. Aus dem Samenvolumen, der Vorwärtsbeweglichkeit des Spermas und der Samendichte ist über Formeln die Menge der Portionen für Frisch- und Kühlsperma errechenbar. Bei Frischsperma sind 500 Millionen vorwärtsbeweglicher Samenzellen in einer Portion, und es können ungefähr 6–16 Portionen hergestellt werden. Bei gekühltem Samen sind es 1 Billion vorwärtsbeweglicher Samenzellen, somit können etwa 3–8 Portionen hergestellt werden. Bei Gefriersamen spielen zusätzliche Faktoren eine Rolle, man kommt aber auf ungefähr 12–18 Portionen pro Woche.

Die Trächtigkeitsrate bei der instrumentellen Besamung ist unterschiedlich hoch. Als erstes kommt es auf die Samenqualität an. Ist diese gut, sollte die Trächtigkeitsrate für Frischsamen 80–90 % betragen. Die Rate sollte, für gekühlten Samen, nicht mehr als 10 % darunter liegen. Bei Tiefgefriersamen sollte eine Trächtigkeitsrate von 50–60 % nicht unterschritten werden.

Auch bei einer instrumentellen Besamung muß die Stute natürlich völlig gesund sein und eine gute Konstitution aufweisen. Der Feststellung des optimalen Besamungszeitpunktes kommt eine große Bedeutung zu, denn bei fehlerhafter Einschätzung ist dies der häufigste Grund für ein Nichtzustandekommen der Trächtigkeit. Trotz klinischer Untersuchung sollte die Stute vor der instrumentellen Besamung getestet, also mit sicherem Abstand einem Hengst zugeführt werden, um festzustellen, ob ein Paarungsverhalten ausgelöst wird.

Jeder Hengst benötigt eine Besamungserlaubnis. Ein diesbezüglicher Antrag kann nur von einer staatlich anerkannten Besamungsstation gestellt werden. Der Versand von Samen darf nur an einen Tierarzt oder eine anerkannte Besamungsstation erfolgen.

Ob die Stute wirklich aufgenommen hat, kann der Tierarzt mittels Ultraschall schon ab dem 12. Tag nach dem Decktermin feststellen. Sinnvoll ist es aber, drei Wochen abzuwarten, da die Stute die Frucht davor häufig resorbiert. Es kommt natürlich darauf an, wie weit entfernt

der Deckhengst steht. Gehen wir von der verbreitetsten Art des Dek-
kens, vom Decken an der Hand, aus. Befindet sich der Deckhengst in
der Nähe, würde ich die Stute rechtzeitig am Anfang der Rosse in den
Stall des Hengstbesitzers bringen. Eine Rosse dauert 4–6 Tage. Das
heißt, die Stute steht bereits vor dem Decktermin im Stall, nimmt den
Stallgeruch an, kann den Hengst schon mal begrüßen und ist bis zum
Decktermin nicht mehr völlig fremd im Stall. Hat der Tierarzt eine
Follikelkontrolle durchgeführt, reicht zweimaliges Decken aus. Befindet
sich der Stall, wie gesagt, in der Nähe, würde ich meine Stute wieder
abholen und sie nach drei Wochen untersuchen lassen, ob sie aufge-
nommen hat. Befindet sich der Deckstall allerdings mehrere Stunden
Fahrtzeit entfernt, dann sollte man die Stute für mindestens 3–4 Wochen nach dem Decktermin im Deckstall belassen. Eine mehrstündige
Fahrt im Hänger ist so anstrengend, daß die Stute die Frucht unter
Umständen resorbiert. Nach dem Decktermin braucht die Stute etwas
Ruhe, dann ist die Chance am größten, daß sie trächtig bleibt. Die Nach-
untersuchung kann in diesem Falle im Deckstall erfolgen, und wenn
das Ergebnis positiv ist, kann man sein Pferd abholen. Um völlig sicher
zu gehen, lassen Sie Ihre Stute nach drei Monaten noch einmal untersuchen. Innerhalb dieser Zeit kann es nämlich immer noch vorkommen,
daß die Stute die Frucht resorbiert.

In manchen Fällen nimmt die Stute einfach nicht auf. Medizinisch
gesehen, kann hierfür eine Zystenbildung der Eierstöcke oder eine
Gebärmutterentzündung verantwortlich sein. Solche gesundheitlichen
Störungen sind durch den Tierarzt relativ einfach festzustellen und
zu beheben. Andere Gründe können zum Beispiel in der Belastbarkeit
der Stute liegen. Sie kann durch langandauerndes und / oder häufiges
Training körperlich überlastet sein. Es kann aber auch psychische
Überlastung vorliegen, zum Beispiel durch einen Stallwechsel, oder
durch Stallgenossen, mit denen sie sich nicht verträgt. Falsche Behandlung durch den Besitzer oder das Stallpersonal kann ebenso dazu
führen. Oftmals ist durch verschiedenste Gründe das Immunsystem
des Pferdes angegriffen, ohne daß sich dies bereits als Krankheitsbild
manifestiert. Auch in diesem Fall weigert sich der Organismus aufzunehmen, um das Leben der Stute zu schützen. Sollte die Stute
nicht aufnehmen, obwohl alle möglichen Gründe abgecheckt sind,
dann setzen Sie einfach ein Jahr aus. Versuchen Sie es das folgende

Jahr noch einmal. Eine Trächtigkeit ist keine Erkrankung, dennoch kann das Leben der Stute durch Komplikationen während der Trächtigkeit gefährdet werden.

TRÄCHTIGKEIT

Tragende Stuten sollten weitestgehend normal behandelt werden. Die Trächtigkeit ist, wie die Schwangerschaft bei der Frau, keine Erkrankung, sondern von der Natur vorgesehen. Die Trächtigkeitsdauer beläuft sich auf durchschnittlich 340 Tage, bei Erstgebärenden eher länger. Diese Zeit kann von 320–360 Tage variieren. Der Grund hierfür ist nicht bekannt. Trächtige Stuten können bis vier Wochen vor dem Abfohltermin leicht gearbeitet werden. Natürlich sollte man Sprünge unterlassen und am Ende der Trächtigkeit auch nur noch wenig und langsam galoppieren. Achtet man darauf, was das Pferd von sich aus zu geben bereit ist, ist das in den meisten Fällen das Richtige. Die Stuten werden in den letzten drei Monaten von selbst schwerfällig und träge. Das bedeutet allerdings nicht, daß man sie zum Schutz in die Box stellen soll. Sie brauchen Bewegung, damit der Kreislauf in Schwung bleibt und sich keine Lymphflüssigkeit in den Beinen staut.

Die Stute wird also weitestgehend wie bisher gefüttert und gearbeitet. Wurde sie bisher kaum geritten, sollte man sie jetzt allerdings nicht zum Distanzpferd ausbilden wollen, aber normale Beanspruchung wie bisher kann ihr nur guttun.

Der Stoffwechsel des Pferdes stellt sich bei der Trächtigkeit um, die Nahrung wird wesentlich besser ausgenutzt, und in den ersten Monaten der Trächtigkeit benötigt die Stute kein zusätzliches Futter. Der Nährstoffbedarf trächtiger Stuten richtet sich nach dem Wachstum des Fohlens. Im 7. Trächtigkeitsmonat fängt das Fohlen erheblich zu wachsen an. Ab diesem Zeitpunkt hat die Stute einen höheren Grundbeziehungsweise Leistungsbedarf an Futter. Die Stute braucht jetzt möglichst Futter mit hohem Energie- und auch Eiweißgehalt. Nach

*Hochträch-
tige Stute*

der Geburt des Fohlens steigt der Bedarf durch die Milchproduktion der Stute noch weiter an. Vor allen Dingen in den letzten drei Monaten der Trächtigkeit muß man mehr zufüttern – nicht an Rauhfutter, sondern an Kraftfutter, denn hohe Mengen Rauhfutter benötigen zuviel Volumen im Darm.

Gehen wir von einem Kleinpferd oder Westernpferd mit ungefähr 450 kg Körpergewicht aus, so hat es normalerweise, wenn es nicht geritten wird, folgenden Erhaltungsbedarf:

4 kg gutes Pferdeheu
2 kg Futterstroh
1 kg Mischfutter (z.B. je ein Drittel Gerste, Hafer, Mais)

Für die Trächtigkeit und die Zeit danach bedeutet dies ungefähr folgendes an zusätzlichem Leistungsbedarf:

7.–9. Trächtigkeitsmonat, langsam ca. 0,5 kg mehr Mischfutter
10. Trächtigkeitsmonat 1,0 kg mehr Mischfutter
11. Trächtigkeitsmonat ca. 1,5 kg mehr Mischfutter
1. Laktationsmonat 2–3 kg mehr Mischfutter
2. Laktationsmonat ca. 3 kg mehr Mischfutter
3. Laktationsmonat bis 4 kg mehr Mischfutter

Stehen die Stuten auf einer eiweißreichen Weide, verringern sich diese Mengen natürlich. Aber dies ist ein gutes Beispiel, wie immens die benötigte Futtermenge bei der entsprechenden Leistung zunimmt. Dies ist natürlich nur ein Beispiel, je nach Rasse und Temperament des Pferdes kann der Futterbedarf durchaus erheblich von den angegebenen Mengen abweichen.

Das Fohlen in der Gebärmutter der Stute braucht Blut und Sauerstoff, um zu wachsen und am Leben zu bleiben. Gesichert wird die Versorgung durch die Plazenta und die Nabelschnur. Letztere umschließt drei Verbindungen. Die Nabelarterie liefert frisches, sauerstoffhaltiges Blut von der Mutter, das zum Herzen des Fohlens gelangt und durch seinen ganzen Körper gepumpt wird. Das Fohlen atmet noch nicht im Mutterleib, somit werden die Lungen vom Blutstrom umgangen und das Blut kehrt durch die Nabelvene in den Körper der Stute zurück, um dort in der Lunge frischen Sauerstoff aufzunehmen. Die Harnschnur (*Urachus*) verbindet die Blase des Fötus mit der Eihaut, dadurch wird der Urin entfernt und in eine der beiden Fruchtblasen gebracht, die das Fohlen umgeben.

Denken Sie daran, Ihre Stute rechtzeitig und oft genug zu entwurmen. Nicht alle Entwurmungsmittel dürfen bei trächtigen Stuten eingesetzt werden. Klären Sie den richtigen Zeitpunkt und die richtige Wahl des Mittels rechtzeitig mit Ihrem Tierarzt ab.

Zu einem ausreichenden Impfschutz gehört bei der Stute auch die Impfung gegen Virusabort. Die Virus-Fehlgeburt wird durch Herpesviren verursacht. Die Viren befallen die Nasenschleimhaut und gelangen über das Lymphsystem ins Blut und breiten sich im ganzen Körper aus. Es kommt zwischen dem 7. und 10. Trächtigkeitsmonat zu einer

Fehlgeburt. Infiziert sich die Stute erst gegen Ende der Trächtigkeit, werden meist so schwächliche Fohlen geboren, daß sie wenige Stunden nach der Geburt verenden.

Impfung gegen Virusabort: Bei Resequin ® plus sollte mit Beginn der Verwendung als Zuchtstute die Grundimmunisierung abgeschlossen sein. Eine Wiederholungsimpfung sollte in jedem Fall im 4.–6. Trächtigkeitsmonat erfolgen.

GEBURT

Nun nähert sich der Abfohltermin. Es gibt verschiedene Anzeichen dafür, um den bevorstehenden Termin festzustellen. Das verläßlichste Zeichen einer bevorstehenden Geburt ist das Anschwellen des Euters. Wenige Stunden vor der Geburt lösen sich wachsähnliche Tropfen von den Zitzen, die Harztropfen, die den Milchkanal bisher verschlossen hielten. Gerade bei Erstlingsstuten kann dies aber auch erst nach der Geburt der Fall sein. Bei anderen sieht man die Tropfen unter Umständen schon Tage vorher, und nichts passiert. Manchmal ist ein Anschwellen der Scheide zu bemerken, und auch ein Absinken der Beckenbänder und Beckenmuskeln ist häufig zu beobachten. Zuverlässig sind diese Zeichen alle nicht. Sie können auftreten oder auch nicht. In dem Vorbereitungsstadium der Geburt, das normalerweise 5–12 Stunden dauert, wird die Stute unruhig, schwitzt und wendet sich wiederholt zu ihrem Bauch um. Während dieser Zeitspanne dreht sich das Fohlen, und die Fruchtblase gelangt in den Muttermund und sorgt dafür, daß sich der Gebärmuttermund öffnet. In diesem Stadium ist es immer noch möglich, daß sich die eigentliche Geburt verschiebt. Da Pferde am liebsten in der Nacht, genaugenommen in den frühen Morgenstunden, abfohlen, ist auch dies ein unsicheres Zeichen. Ist das Pferd gesund und wird artgerecht gehalten, sollte man sich nicht allzu viele Gedanken machen und nur bereitstehen, um den Tierarzt zu rufen, falls wirklich eine Komplikation eintritt. Schlimmer ist eine kontinuierliche Störung der Stute durch den Halter, wenn er meint, vor lauter Überbesorgnis im Stall schlafen zu müssen und ähnliches.

Stuten, die normalerweise im Offenstall gehalten werden, sollten vor der Geburt auf keinen Fall in die Box gesperrt werden, um sie unter Kontrolle zu haben. Sie werden dann versuchen, die Geburt so lange wie möglich hinauszuschieben, bis sie wieder nach draußen dürfen. Es ist ganz natürlich, daß Pferde ihre Fohlen draußen auf der Wiese zur Welt bringen. Sie fühlen sich hier sicherer und können nach Abgehen der Nachgeburt diesen Platz verlassen. In der freien Wildbahn ist das sehr wichtig, da der Geruch der Nachgeburt nur Raubtiere anlocken würde. Lassen wir unsere Pferde ihren Instinkt ausleben, und versuchen wir nicht, unsere Maßstäbe auf die Tiere zu übertragen. Haben wir wirklich eine Stute, die Anlaß zur Besorgnis gibt, so daß wir uns dazu entschließen müssen, sie aufzustallen, dann sollten wir uns eine Videoüberwachungsanlage holen, um die Kontrolle über alle Vorgänge im Stall zu haben.

Letztendlich gibt der Fötus das Signal, daß die Geburt beginnen kann. Dieses Signal besteht aus einer Fülle von hormonellen Abläufen, die vom Gehirn des Fötus ausgehen, über dessen Hirnanhangdrüse zur Nebenniere. Auf diese hormonelle Veränderung des Fötus reagiert die Stute mit Änderungen in ihrem eigenen Hormonsystem. Erst dadurch wird es möglich, daß die Geburtswehen beginnen. In diesem Sinne bestimmt der Fötus, wann es zur Geburt kommt. Den genauen Zeitpunkt kann die Stute allerdings immer noch um Tage verschieben, falls ihr die Umgebung, in der sie sich befindet, als nicht geeignet erscheint.

Beginnt die Stute abzufohlen, kontrahiert sich der Uterus, wodurch die sogenannten Wehen auftreten. Die Kontraktionen drängen die Fruchtblasen gegen den Muttermund und bewirken die Öffnung des Geburtskanals. Die Wehen pressen die Fruchtblasen durch die Scheide, der Geburtsweg öffnet sich weiter, und es entsteht genügend Raum für die Geburt des Fohlens. Im allgemeinen zeigt sich zuerst ein mit Flüssigkeit gefüllter Ballon zwischen den Schamlippen. Schließlich platzt die äußere Eihaut, und eine Menge an Fruchtwasser fließt ab. Nach spätestens 5 Minuten sollte man die innere, bläulich-weiße Eihaut, die Fruchtblase, erkennen können. Die Wehen treiben das Fohlen in der Eihaut nach draußen. Die Geburt selbst verläuft meist völlig pro-

Neugeborenes Fohlen beim ersten Trinken

blemlos, so daß es normalerweise unnötig ist, der Stute beim Abfohlen zu helfen. Nur, wenn es zu Problemen kommt, dann sind diese meist so schwerwiegend, daß das Leben von Stute und Fohlen gefährdet ist. Die Austreibungsphase dauert zwischen wenigen Minuten und einer Stunde, im Schnitt etwa 20–30 Minuten. Zuerst kommt das Maul zum Vorschein und dann das erste Vorderbein, das zweite Vorderbein liegt meist etwas zurück, dann folgen der Kopf und der restliche Körper. Liegt eine Fehllage des Fohlens vor, sollte rasch der Tierarzt geholt werden.

Normalerweise reißt die innere Eihaut durch die Bewegung des Fohlens. Ist das nicht der Fall, muß sie geöffnet werden, damit das Fohlen atmen kann. Manche Stuten fohlen durchaus im Stehen, das braucht einen nicht weiter zu beunruhigen. Nachdem das Fohlen vollständig herausgekommen ist, ist es meist noch durch den Nabelstrang mit der Stute verbunden. Das Blut fließt dabei von der Plazenta und dem Nabelstrang zum Fohlen. Nach kurzer Zeit wird sich das Fohlen und /oder die Stute bewegen, die Nabelschnur wird dabei gedehnt und reißt dabei an der dafür vorgesehenen Stelle. Den Teil des Stranges, der am Fohlen bleibt, kann man vorsichtshalber mit Jod oder Desin-

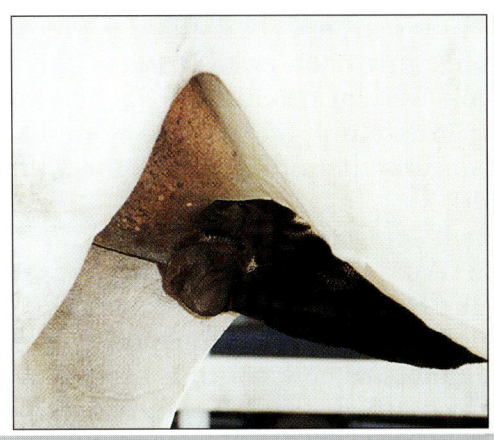

*Es kann dauern,
bis das Fohlen
die Zitzen gefunden hat*

fektionsspray behandeln, um eine Infektion zu verhindern. Es ist unnötig, den Nabelstrang abzubinden und abzuschneiden.

Die Nachgeburt der Stute löst sich sehr schnell von der Gebärmutter, deshalb muß die Austreibungsphase zügig erfolgen, sonst läuft das Fohlen Gefahr, nicht ausreichend mit Sauerstoff versorgt zu werden. In der letzten Phase der Geburt stößt die Stute die Nachgeburt ab, die man unbedingt auf ihre Vollständigkeit hin überprüfen sollte, damit es im Anschluß zu keinen Komplikationen kommt. Hängt ein Teil davon aus der Scheide heraus, bindet man einen Knoten oder schneidet

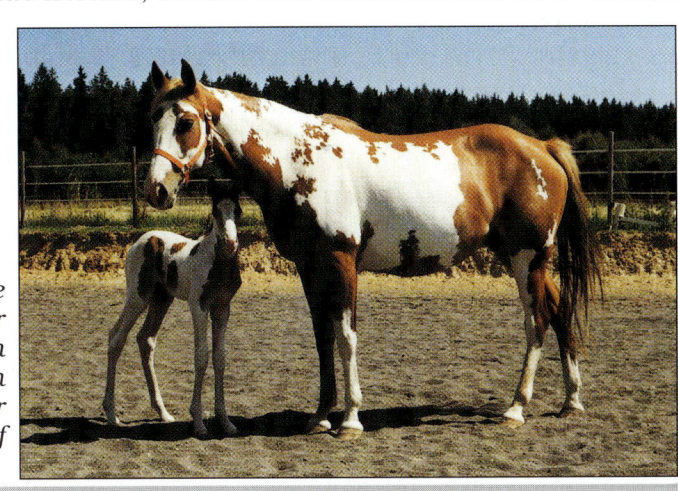

*Schon wenige
Stunden nach der
Geburt gehören
Stute und Fohlen
auf Koppel oder
Auslauf*

das untere Stück ab, damit das Pferd nicht darauf treten kann. Ist die Nachgeburt nach zwei Stunden nicht abgegangen, muß der Tierarzt geholt werden. Bleibt die Nachgeburt in der Stute zurück, können sehr ernste und oft tödliche Komplikationen entstehen, wie eine Gebärmutterentzündung oder eine Hufrehe (Entzündung der Huflederhaut).

Nach der Geburt beginnen viele Fohlen zu zittern. Dies ist ein natürlicher Vorgang, um die Körpertemperatur zu halten. Die Stute fängt an ihr Fohlen abzulecken, so wird der erste enge Sozialkontakt geschlossen. Diese Prägungsphase ist sehr wichtig. Innerhalb von einer halben bis zu einer Stunde steht das Fohlen im allgemeinen und versucht dann zu trinken. Man sollte ihm diese Zeit lassen. So wichtig dieser Vorgang auch ist, so wichtig ist es, die Pferde alleine zu lassen. Trotz aller mühsam aussehenden Versuche ist diese Phase sowohl für Stute als auch Fohlen ungeheuer wichtig. Nur wenn das Fohlen nach dieser Zeit noch immer nicht steht, sollte man den Tierarzt rufen. Bei den ersten Aufstehversuchen wird es immer wieder umfallen, trotzdem ist es besser, dem Fohlen nicht dabei zu helfen.

Bis zum ersten Trinken wird sogar eine Zeit von maximal 5–6 Stunden angesetzt. Meistens wird es allerdings bedeutend früher sein. Kein Grund also, sich sofort Sorgen zu machen, wenn das Fohlen nicht gleich aufsteht und trinkt. Die Natur erfordert ihre Zeit. Die erste Milch, die **Kolostralmilch,** dient unter anderem dazu, daß das Darmpech beim Fohlen abgeht. Dieses ist der erste Kot, der sich schon im Mutterleib im Darm des Fohlens gesammelt hat. Das Darmpech kann hart, aber auch weich sein und ist von schwarzer bis grünlichbrauner Farbe und wird in den ersten Stunden nach der Geburt ausgeschieden. Mit seinem Abgang beginnt die normale Darmaktivität. Manchmal tun sich Fohlen schwer damit und zeigen Verstopfungerscheinungen oder halten durch die leichten Schmerzen, die beim ersten Absetzen auftreten können, das Darmpech im Dickdarm oder Mastdarm zurück und brauchen dann dringend Hilfe. Anzeichen hierfür sind Ruhelosigkeit, Schweif schlagen, häufiger Wechsel zwischen Liegen und Stehen, ähnlich wie bei einer Kolik. Kann sich das Fohlen im Freien genügend bewegen, ist das Problem oftmals schnell gelöst, ansonsten muß der Tierarzt gerufen werden, um den Abgang zum Beispiel mit einem Klistier künstlich einzuleiten.

Man sollte darauf achten, ob dies wirklich vonstatten geht, sonst kann es zu einer ersten Kolik kommen.

Während der Fohlenrosse, der ersten Rosse der Stute nach der Geburt, verändert sich die hormonelle Zusammensetzung der Milch, und die Fohlen bekommen oftmals Durchfall. Dies ist normal, sollte aber im Auge behalten werden, da bei Fohlen der Flüssigkeitsverlust aufgrund von Durchfall sehr schnell zu hoch werden kann. Im Zweifelsfall ist auch hier der Tierarzt zu Rate zu ziehen.

Das Fohlen trinkt sehr häufig kleine Mengen Milch und schläft sehr viel. Ob es regelmäßig trinkt, ist am ehesten am Euter der Stute zu erkennen. Dieses wird durch die starke Milchproduktion voll sein, darf aber nicht zu prall und schmerzhaft sein, das wäre ein Zeichen dafür, daß das Fohlen zu wenig trinkt.

Die normale Körpertemperatur bei Fohlen liegt bei ungefähr 38 °C. Das Gewicht des Fohlens beträgt rund 10 % des Gewichtes, das es als ausgewachsenes Pferd erreichen wird, und es kommt mit ungefähr 60–65 % seiner späteren Widerristhöhe auf die Welt.

Neugeborene Fohlen sind nicht nur niedlich und possierlich, sie sind auch zart und anfällig für Krankheiten und wirken manchmal geradezu zerbrechlich gegenüber der Welt. Durch genaue Beobachtung läßt sich allerdings schnell feststellen, ob das Fohlen den widrigen Umständen auf dieser Welt trotzen kann, und die Fürsorge des Züchters kann viel zu einem gelungenen Start ins Leben beitragen. Am Verhalten des Neugeborenen kann auch ein Mensch ohne medizinische Vorkenntnisse erkennen, ob das Fohlen wohlauf ist. Ein aufmerksamer wacher Blick, das Ohrenspiel, freigetragener Hals, glattes, glänzendes Haarkleid, der sichtbar gute Ernährungszustand, das sichere Stehen auf vier Beinen, die Stellung der Gliedmaßen und Hufe, die ruhige Atmung, die blaßrosaroten Schleimhäute und der getragene Schweif sind die wesentlichen Merkmale eines gesunden Fohlens.

Mangelnde Anteilnahme an der Umgebung, getrübter Blick, hängender Kopf, stumpfes Haarkleid, Abmagerung, mangelhafte Elastizität der Haut, beschleunigte Atmung, erkennbare Bauchatmung, eingezogener

*Neugeborenes
Ponyfohlen*

Schweif, hochrote oder blaßgraue Bindehäute sind einige äußere Anzeichen dafür, daß etwas nicht stimmt.

Ein gesundes Fohlen hebt innerhalb der ersten fünfzehn Minuten nach der Geburt den Kopf, bewegt die Beine und macht Bewegungen, die aussehen wie Aufstehversuche. Spätestens nach einer Stunde sollte das Fohlen stehen, und in den ersten paar Lebensstunden läuft es schon ein wenig umher, trinkt und begutachtet neugierig seine Umgebung. Diese Anstrengungen führen dazu, daß der Herzschlag von 60 Schlägen in der Minute während der Geburt auf normale 80 bis 100 Schläge ansteigt, während sich die Atmung von 60 bis 80 pro Minute auf normale 30 bis 40 Atemzüge reduziert.

SAUGFOHLEN

Das Immunsystem neugeborener Fohlen ist bei weitem nicht so wirkungsvoll wie das ausgewachsener Pferde. Das Immunsystem eines Pferdes besteht aus den lymphatischen Organen, wie Lymphknoten, Milz und Knochenmark. Es gehören auch verschiedene Zellen dazu, die dort gebildet werden, zum Beispiel Lymphozyten und Makrophagen, und auch von diesen Zellen gebildete Produkte, wie Antikörper.

Bei der Geburt verläßt das Fohlen die sterile Gebärmutter und wird danach mit einer Fülle von Keimen in seiner Umgebung konfrontiert. Da das Immunsystem des Neugeborenen zu diesem Zeitpunkt erst voll aktiviert werden muß, ist es auf Antikörper (Immunglobuline) angewiesen, die ihm von der Mutter mit der Kolostralmilch zugeführt werden. In den letzten 2–4 Wochen vor der Geburt wandern verstärkt Antikörper aus der Blutbahn der Stute in ihr Euter. Aus diesem Grunde ist in der sogenannten Biest- oder Kolostralmilch eine besonders hohe Konzentration an Antikörpern vorhanden. Nur in den ersten achtundvierzig Stunden nach der Geburt erhält das Fohlen alle notwendigen Antikörper für ein intaktes Immunsystem. Genau für diese Zeitspanne ist die Darmschleimhaut des Fohlens nämlich noch so durchlässig, daß diese recht großen Abwehrstoffe durch die Schleimhaut aufgenommen werden können, aber schon nach der Hälfte der Zeit geht diese Fähigkeit immens schnell zurück, um schließlich ganz zu erlöschen. Diesen Prozeß der Weitergabe der Antikörper von Mutter zu Kind nennt man passiven Transfer. Die Weitergabe der Antikörper ist selbstverständlich auch vom Gesundheits- und Impfstatus der Mutter abhängig.

Antikörper gegen einige Krankheiten, wie zum Beispiel Tetanus, werden durch das Kolostrum weitergegeben, wenn die Mutter 30 Tage vor der Geburt eine Wiederholungsimpfung erhalten hat. Antibiotika

Jede Gelegenheit sollte man zur Kontaktaufnahme nutzen

oder spezielle Vitaminzusätze zur Stärkung sollten am ersten Tag nur gegeben werden, wenn wirklich eine ernste medizinische Indikation, wie zum Beispiel eine Entzündung des Nabels, Durchfall oder ähnliches, vorliegt.

Besitzt die Stute nicht genügend Milch, ist krank oder verlor das Kolostrum, muß man auf gefrorenes Kolostrum zurückgreifen. Hat man mehrere Stuten, sollte man die Gelegenheit ergreifen und nachdem die anderen Fohlen ihre ersten wichtigen Schlucke genommen haben, etwas abmelken, um diese Milch einzufrieren. Bei Stuten aus dem eigenen Stall bietet dies außerdem den Vorteil, daß diese Tiere eine spezielle Stallimmunität entwickelt haben.

Die meisten Fohlen, die ernsthaft erkranken, leiden an Infektionskrankheiten. Ein Fohlen kann innerhalb weniger Stunden erkranken, und es kommt schnell dazu, daß es dann nicht mehr in der Lage ist, selbst zu laufen. Am häufigsten sind die Lunge und der Magen-Darm-Trakt durch eine Erkrankung betroffen. Nich selten treten auch Gelenksentzündungen auf.

Sobald das Fohlen Anzeichen von Schwäche, Appetitlosigkeit, Fieber, ernsthaften Durchfall, eine Nabelentzündung oder geschwollene Gelenke zeigt, ist sofort der Tierarzt zu rufen, um Gegenmaßnahmen zu ergreifen. In den ersten 14 Lebenstagen ist ein Fohlen am anfälligsten für diverse Infektionen und sonstige Erkrankungen.

Fohlen fressen von Anfang an Erde, Eichenlaub, Äste und monatelang auch immer wieder Kot von anderen Pferden, um so schnell zu der entsprechend notwendigen Bakterienflora im Darm zu kommen. Diese Bakterien sind für einen ordnungsgemäßen Verdauungsablauf unbedingt notwendig.

Für das Fohlen sollte der Pferdehalter ein freundliches Wesen sein, mit dem man aber nicht alles machen kann. Körperkontakt, gerade in der ersten Zeit, ist sehr wichtig und erspart einem viel Arbeit, wenn das Fohlen älter ist. In den ersten Tagen läßt sich das Fohlen psychologisch schon sehr gut auf die spätere Mitarbeit mit dem Menschen vorbereiten. Die Berührung an den Füßen, den Ohren, der Gurtlage oder dem Rücken wird durch leichte Übungen schnell akzeptiert und bleibt ein Leben lang haften. Diese Zeit, die anfangs nur auf ein paar Minuten beschränkt ist, zahlt sich im späteren Training schnell aus.

Bei normaler Milchleistung und Fütterung der Stute wird das Fohlen während des 1. Lebensmonats ausreichend mit allen Nährstoffen versorgt. Eine übertriebene Fütterung der laktierenden Stute in den ersten beiden Wochen nach der Geburt sollte man unterlassen, ansonsten steigt die von der Stute produzierte Milchmenge zu sehr an, und die Fohlen werden dadurch unter Umständen überfüttert.

Kommt es zu Kotveränderungen beim Fohlen, kann die Ursache in einer zu hohen Milchaufnahme liegen. In diesem Fall muß man die Kraftfuttermenge der Stute etwas verringern.

Während des 1. Lebensmonats des Fohlens liefert die Milch der Stute im allgemeinen genügend Energie für das Wachstumspotential des Fohlens. Die produzierte Milchmenge nimmt zwar noch bis zum 3. Laktationsmonat zu, aber das Fohlen fängt aus freien Stücken schon an zu fressen. Zuerst spielerisch, aber mit den Wochen ist die dadurch aufgenommene Energie nicht zu vernachlässigen. Dabei lernt das Fohlen durch Nachahmung, welche Nahrungsmittel es zu sich nehmen kann, und so ist es nur mehr als natürlich, wenn es aus dem Trog der Mutter mitfrißt. Die aufgenommene Menge ist vorerst noch gering, aber immerhin beträgt sie am Tag schon 100–150 g. Das den Stuten zugeteilte Heu kann jetzt durchaus eiweißhaltiger sein, am besten nimmt man Heu vom 2. Schnitt oder füttert zusätzlich Luzerneheu.

Salzlecksteine sollten für Fohlen nicht erreichbar sein, denn bei einer übermäßigen Aufnahme von Salz kommt es leicht zu Durchfällen. Solange das Fohlen kein Beifutter frißt, braucht es auch kein Wasser, ab dem 2. Monat aber, wenn es anfängt mitzufressen, muß sich die Tränke für das Fohlen in erreichbarer Höhe befinden. Eine übermäßige Wasseraufnahme sollte allerdings unterbunden werden.

Sobald das Fohlen anfängt, intensiver zu fressen, kann es auch eine eigene, für die Stute nicht zugängliche Futterkrippe haben, womit die mengenmäßige Aufnahme des Futters besser zu überwachen ist. Eine andere Möglichkeit besteht darin, das Fohlen aus dem Trog der Mutter mitfressen zu lassen, sofern diese es zuläßt.

In den ersten vier Wochen ist die Gewichtszunahme bei einem Fohlen besonders deutlich, ein Zuwachs von 2 % des Gewichts pro Tag ist normal und wünschenswert.

Viele Pferdebesitzer glauben, daß der Nachwuchs vor allem warm gehalten werden muß, und schließen alle Türen und Fenster. Die meisten

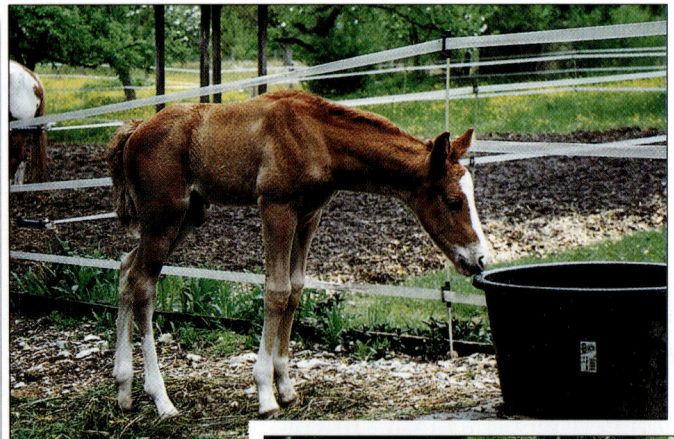

Manch ein Fohlen reagiert am Anfang empfindlich auf Trinkwasser

Bewegung, Bewegung, Bewegung

Mutterstuten gehören mit ihrem Fohlen auf die Koppel

*Auch eine
Mutterstute
muß langsam
an Grünfutter
gewöhnt werden*

Atemwegsprobleme resultieren allerdings aus zu überhitzten Räumlichkeiten und schlechter Luft. Stall und Umgebung von Stute und Fohlen müssen zugfrei, aber gut durchlüftet, trocken und sauber sein. Außer bei naßkaltem Wetter sollen beide sofort nach draußen an die frische Luft gelangen können, am besten direkt auf eine Koppel.

Die Meinungen über spezielles Fohlenaufzuchtfutter gehen weit auseinander. Berechnet man die Inhaltsstoffe, kann man sehen, daß bei Fütterung eines normalen Mischfutters, bestehend zum Beispiel aus jeweils einem Drittel Hafer, Gerste und Mais, ein leichter Mangel an Eiweiß besteht. Dieser läßt sich durch eine entsprechend eiweißhaltige Weide, beziehungsweise durch Heu des 2. Schnittes oder Luzerneheu ausgleichen. Dazu muß natürlich eine ausreichende Menge an einem Mineral- und Vitaminprodukt gegeben werden. Dies gilt ebenso für die laktierende Stute, vor allen Dingen in den ersten Monaten, in denen die Milchleistung sehr hoch ist. Das Fohlen wird am Anfang recht wenig mitfressen, ab dem 3. Lebensmonat wird es aber ungefähr ½ kg Kraftfutter zu sich nehmen. Dies wird sich mit den Monaten auf 1 kg steigern. Diese Menge reicht bei normalen Futterverwertern im allgemeinen aus. Heu sollte der Mutterstute und ihrem Fohlen frei zur Verfügung stehen. Mit diesen Mengen wird das Wachstumspotential des Fohlens genügend ausgenutzt und dennoch einer zu schnellen Gewichtszunahme vorgebeugt.

Fohlen, die zusammen mit ihrer Mutter auf die Weide gehen, nehmen schon von den ersten Tagen an spielerisch Gras auf. So lernen sie von Anfang an auf natürliche Weise die unterschiedlichen Weidegräser kennen. Sie erfahren durch Nachahmung der Mutter, welche Gräser freßbar sind. Am besten ist es, wenn Stute und Fohlen den ganzen Tag auf der Weide verbringen können. Aber auch hier muß die Beifütterung gesichert sein, nicht zuletzt auch deshalb, damit die Pferde genügend Mineralstoffe und Vitamine zu sich nehmen. Unsere Weiden haben im allgemeinen einen Bewuchs, der für eine ausreichende Zufuhr dieser Stoffe nicht ausreichend ist.

Im Frühjahr müssen auch Stuten und Fohlen langsam auf das Grünfutter umgestellt werden. Nach der Gewöhnung können sie allerdings durchaus junges, eiweißreiches Gras zu sich nehmen, da sie beide – Stute wie Fohlen – einen erhöhten Eiweißbedarf haben. Dies kommt einer natürlichen Ernährung näher als die Gabe von speziellen Fohlenstartern und Spezialfuttermitteln für die Stute.

ABSETZEN

Im normalen Zuchtbetrieb beträgt das Absetzalter der Fohlen im Schnitt 4–5 Monate. Dies führt außer zum psychischen Schaden auch zu Verdauungsproblemen beim Fohlen und zu Euterproblemen bei der Stute. Der Schutztrieb der Mutter ist zu dieser Zeit noch stark ausgeprägt, so daß beim Absetzen auch bei der Stute starke psychische Probleme auftreten können. In der freien Natur bleibt das Fohlen so lange bei der Mutter, bis sich das nächste ankündigt. Dies kann durchaus auch bis zum Alter von zwei Jahren sein. Die Fohlen saugen dann immer noch ab und zu. Rechtzeitig vor dem neuen Abfohlen setzt die Mutter ihr Jungpferd dann schon selbst ab. Unter natürlichen Bedingungen in der Herde trinken Fohlen mindestens ein Jahr.

Erst im Alter von 9–12 Monaten schließen sich die Jungtiere zusammen, und im Alter von einem Jahr, mit Eintritt in die Pubertät, wird die Gesellschaft der Mutter, psychisch gesehen, weitgehend unwichtig. Natürlich toben Fohlen auch vorher schon oft zusammen in der Gegend umher, kehren aber immer wieder schutzsuchend zur Mutter zurück, vor allen Dingen, wenn sie sich ausruhen wollen. Eine Trennung zu diesem Zeitpunkt, im Alter von einem Jahr, bereitet beiden keinen Trennungsschmerz mehr. Das Fohlen ist dann von klein an ein psychisch ausgeglichenes Pferd und hat nicht schon sein erstes Trennungstrauma hinter sich.

Die vielen Umstellungen im Alter von wenigen Monaten, wie das meist der Fall ist, ob Trennung von der Mutter, Verkauf, Futterumstellung und so weiter, führen leicht zu Stoffwechselstörungen, Störungen im Hormonhaushalt und im Nervensystem sowie zu Appetitlosigkeit, Unsicherheit und Verkrampfungen. Dies alles in einem sehr wichtigen physischen und psychischen Abschnitt des Lebens.

Schwieriger ist das Absetzen natürlich bei Hengstfohlen zu handhaben, die, je nachdem, wann sie ihre Hormone entdecken, auch schon mal mit 9 Monaten abgesetzt werden müssen.

Auch wenn man Fohlen schon von klein an daran gewöhnen kann, daß sie kurze Zeit allein gelassen werden, wenn die Stute geritten wird, halte ich dies für nicht sehr sinnvoll. Gerade in den ersten Wochen und Monaten ist die Stute naturgemäß eigentlich immer für das Fohlen da. Das Fohlen reagiert nicht unbedingt mit Panik, aber es fühlt sich alleingelassen. Wächst es in der Herde auf und hat es einen großen Freund gefunden, dann ist das etwas anderes. Alte Wallache übernehmen oftmals eine solche Kindertantenfunktion. Man kann das Fohlen allerdings schon recht bald auf kurze Ausritte mitnehmen. Es sollte an die Stute angebunden sein, bis man von Straßen und neu angesäten Feldern weg ist, dann kann man es frei laufen lassen. Es bewegt sich in sehr nahem Umkreis der Mutter. Dieser wird natürlich immer größer, je älter das Fohlen wird, und irgendwann, ungefähr im Alter von sechs Monaten, wird es seine Selbständigkeit entdecken und auf einmal ein paar hundert Meter weg bleiben. Dann ist es höchste Zeit, das Fohlen nur noch ständig angebunden, beziehungsweise als Handpferd mitzunehmen.

Wird es von Anfang an daran gewöhnt, mitzulaufen, läßt es sich als Jungtier sehr schnell zum Handpferd ausbilden. Beim späteren Einreiten wird dies sehr nützlich sein. Das Pferd kennt dann schon jede Menge Gefahren und Situationen, die ihm sonst noch fremd wären.

Zur Vorbereitung des Absetzens wird das Fohlen stundenweise von der Mutter getrennt. Es kann zum Beispiel mit anderen Fohlen zusammen auf die Koppel gehen, während die Mutter im Stall oder im Auslauf bleibt. Die Zeit der Trennung wird immer weiter ausgedehnt. Das führt dazu, daß das Fohlen seltener trinkt und dadurch die Milchleistung der Stute immer weiter zurückgeht. Läßt man sich genug Zeit, wird es außer etwas Wiehern keine Schwierigkeiten beim Absetzen geben, ohne daß man Stute und Fohlen vollständig trennen muß. So kann man vermeiden, daß man die Stute oder das Fohlen außer Sicht-, Hör- und Geruchsweite bringen muß, was naturgemäß beide beunruhigt. Beide können in ihrer gewohnten Umgebung bleiben.

Wird das Fohlen verkauft, so ist das Absetzen rechtzeitig vorzubereiten und beim Transport Mutter und Fohlen möglichst zusammen zum Käufer des Fohlens zu bringen. Ergibt sich die Möglichkeit, kann man die Stute samt ihrem Fohlen über Nacht dort lassen und dann mit der Stute alleine wieder zurückfahren. Dies bedeutet für beide Pferde die geringste Streßbelastung. Wird entsprechend spät abgesetzt, fehlt dem Fohlen nicht mehr das mit der Muttermilch aufgenommene hochwertige Eiweiß und es kommt zu keinen Entwicklungsstörungen.

Man sollte ein Fohlen nicht vor 9 Monaten absetzen

Junge Fohlen können neben der Stute frei laufen

Bei Fohlen ohne Huffehlstellungen ist nahezu keine Hufpflege nötig, zumindest nicht in den ersten Monaten. Das heißt natürlich nicht, daß man die Hufe nicht kontrollieren müßte. Man sollte auch regelmäßig das Aufheben des Hufes üben. Schon im Alter von zwei bis drei Wochen kann man damit anfangen, das Fohlen kurz mal ein Beinchen heben zu lassen. Dann wird dies für das kleine Tier ganz normal sein, und es wird auch später keine Schwierigkeiten dabei machen.

WACHSENDE FOHLEN

Junghengste, die nicht zur Zucht verwendet werden sollen, sollten kastriert werden, damit sie weiterhin in der Herde mitlaufen können. Im allgemeinen versucht man nicht zu früh zu kastrieren, das heißt nicht unter einem Jahr, besser erst mit 1½ oder 2 Jahren. Aber dies läßt sich nicht mit Gewissheit vorhersagen. Der richtige Zeitpunkt ist auf jeden Fall gekommen, wenn das Jungpferd sich wie ein Hengst aufführt. Wozu soll man dann lange mit ihm kämpfen, wenn er ohnehin nicht Hengst bleiben soll. Es gibt Hengste, die stehen im Alter von zwei Jahren auf der Koppel und benehmen sich so brav wie Wallache, und es gibt Hengste, die sich mit neun Monaten aufführen wie ein dreijähriger, unerzogener Junghengst. Alle guten Manieren, die man dem Pferd beigebracht hat, können von heute auf morgen vergessen sein. Nach der Kastration erinnert es sich dann recht schnell wieder an seine gute Erziehung. Es ist angeraten, eine Kastration immer in einer Pferdeklinik machen zu lassen. Die Kastration eines Hengstes ist nicht mit der einer Katze oder eines Hundes zu vergleichen, sondern ist eine richtige Operation mit den damit verbundenen Risiken. Treten Komplikationen auf, ist man in der Klinik besser aufgehoben.

Jungpferde schließen sich in freien Herden gemischten Alters zusammen, nicht in gleichaltrigen Gruppen. Werden sie natürlich in Jährlingskoppeln gesteckt, bleibt ihnen nichts anderes übrig, natürlich ist es nicht. In gewachsenen Familiengruppen, wie es sie auch in der Wildnis gibt, findet sich nach vier bis sechs Wochen ein alter Wallach, der sozusagen die Aufgabe der Kinderbetreuung übernimmt. Aber auch von den anderen erwachsenen Herdenmitgliedern werden die Fohlen manchmal recht streng erzogen. Es wird ihnen keiner weh tun, denn mit kleinen Fohlen gehen die erwachsenen Pferde ausgesprochen sorgsam um, selbst die wildesten, aber es werden ihnen doch sehr deutliche Grenzen gesetzt. Dadurch sind jene Pferde, die im gemischten Herdenverband aufgewachsen sind, auch viel umgänglicher als solche, die nur mit Altersgenossen zusammen gehalten wurden. Diese sind meist ausgesprochene Rüpel.

Ein Fohlen sollte im allgemeinen wie ein normales, erwachsenes Pferd behandelt werden. Überdies ist es kein Spielzeug für kleine Kinder, nur weil es so niedlich ist. Der Mensch muß ebenso konsequent von vorneherein Grenzen setzen, wie es die erwachsenen Pferde den Fohlen gegenüber auch tun. Natürlich sollte man es anfassen und liebevoll mit ihm umgehen. Aber sollte es versuchen, einen zu zwicken, muß es einen Klaps auf die Nase bekommen, denn dies imitiert das Schnappen erwachsener Pferde. Diese würden sich so etwas von einem Fohlen nicht gefallen lassen.

Sofern die Fohlen auf der Weide stehen und zusätzlich mit hochwertigem Heu zugefüttert werden, reicht eine Mischfuttergabe von ungefähr 1 kg pro Tag, verbunden mit dem notwendigen Mineral- und Vitaminpräparat, aus. Die Angaben beziehen sich immer auf ein mittelgroßes Pferd.

Statistisch gesehen, hat ein Fohlen im Alter von 6 Monaten knapp die Hälfte seines Endkörpergewichtes erreicht. Mit 12 Monaten ungefähr 60 % und mit 18 Monaten knapp 80 %.

Die Fohlen dürfen auf keinen Fall soviel Beifutter erhalten, daß diese Werte überschritten werden. Gerade bei mittel- und großwüchsigen Rassen kommt es bei einer futterintensiven Aufzucht zu Störungen in der Skelettentwicklung, sogenannten Osteochondrosen, die eventuell zu bleibenden Schäden führen. Es handelt sich hierbei um nichtentzündliche, von den Gelenk- oder Wachstumsknorpeln ausgehende Veränderungen des Knochengewebes, die sich unter anderem durch Auftreibungen an Gelenken, besonders an der Vorderfußwurzel, Stellungsfehler und schließlich Lahmheit auszeichnen. Selbst die Funktion der Sehnen kann beeinträchtigt werden.

Aus diesem Grund ist Wert zu legen auf eine vernünftige Gesamtfuttermenge wie auch auf die wohldosierten Mineralstoff-, Vitamin- und Spurenelementgaben. Gerade für die Mineralisation des Skeletts sind Kalzium und Phosphor unverzichtbar. Der absolute Bedarf an Energie und Zusatzstoffen ändert sich beim Heranwachsen des Fohlens kaum. Die Gewichtszunahmen des Fohlens werden geringer und damit auch der damit verbundene Bedarf an Energie und Zusatzstoffen. Auf der anderen Seite wächst durch das höhere Gewicht der Bedarf für den Erhaltungsstoffwechsel. Diese Zu- und Abnahme hält sich ungefähr die Waage, so daß das heranwachsende Pferd mit 9 Monaten mengenmäßig ungefähr gleich viel frißt wie mit 12 oder 15 Lebensmonaten, abgesehen von etwas mehr Rauhfutter.

Besonders ein heranwachsendes Pferd muß genügend Bewegungsmöglichkeit haben, die sich nicht nur auf seine Skelettentwicklung vorteilhaft auswirkt. Auch im ersten Winter und bei Schlechtwetterperioden muß den Fohlen ausreichend Bewegung möglich sein.

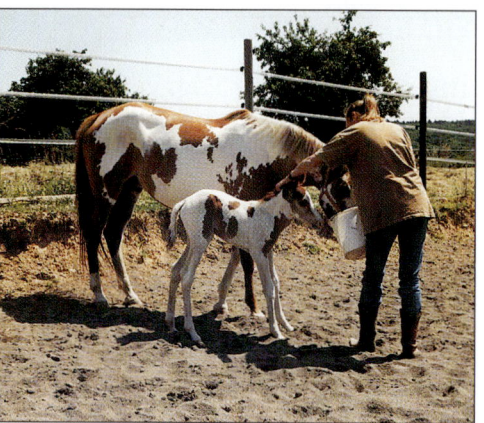

Es sollte eine kontrollierte Gabe von Mineral- und Vitaminpräparaten erfolgen

Das Fohlen frißt durch Nachahmung das gleiche wie seine Mutter

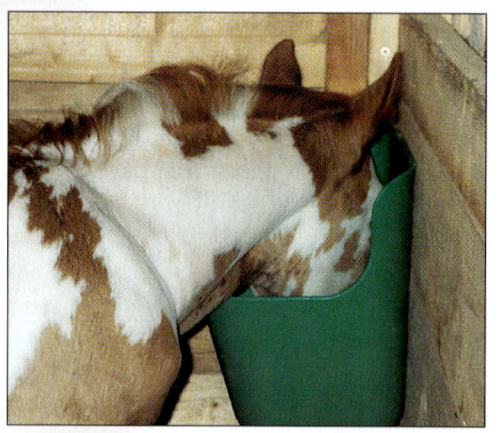

Sofern das Fohlen in Ruhe fressen kann, muß es keine Fohlenkrippe sein

Am geeignetsten ist ein freier Zugang zur Koppel

JÄHRLINGE UND ZWEIJÄHRIGE

Im Frühjahr gehören gerade die Jungpferde so schnell wie möglich auf die Weide. Sie müssen – wie jedes andere Pferd – langsam auf das Grünfutter umgestellt werden, können aber jüngeres Gras fressen als die erwachsenen Pferde, da sie aufgrund ihres Wachstums immer noch einen höheren Eiweißbedarf haben.

Werden die Jungpferde zusammen mit erwachsenen Pferden gehalten, wie es in der freien Natur üblich ist, erhalten sie das gleiche Rauhfutter wie die anderen Pferde, aber etwas mehr Kraftfutter. Auch die zusätzliche Heufütterung sollte anfangs – trotz der Weidehaltung – beibehalten werden, um die Futterumstellung zu erleichtern. Im Mai und Juni ist der Nährstoffgehalt für die Jungpferde im Gras ausreichend, sofern sie ihre normale Menge an Kraftfutter und ihre Mineralstoff- und Vitaminprodukte erhalten. Im Hochsommer besteht meist ein Defizit an Energie und Eiweiß, das durch gutes Heu ausgeglichen werden muß. Im Herbst wächst auf der Weide wieder eiweißreiches Futter nach, und die Menge an Zufutter kann gesenkt werden.

Die Zufütterung ist naturgemäß dem Futterangebot anzupassen. Das bedeutet, daß im Frühjahr und Herbst eher eiweißarmes Zufutter, zum Beispiel geschroteter Mais, gegeben werden soll, im Sommer hingegen eiweißreiches, etwa gequetschter Hafer. Auch kann man durch das Zufüttern von Heu die Aufnahme von Gras steuern. Wird zusätzlich zur Weide viel Heu angeboten, geht die Aufnahme von Grünfutter automatisch zurück. Mineralstoffe, Spurenelemente und Vitamine müssen das ganze Jahr über zugefüttert werden. Die Futterration der Zweijährigen un-

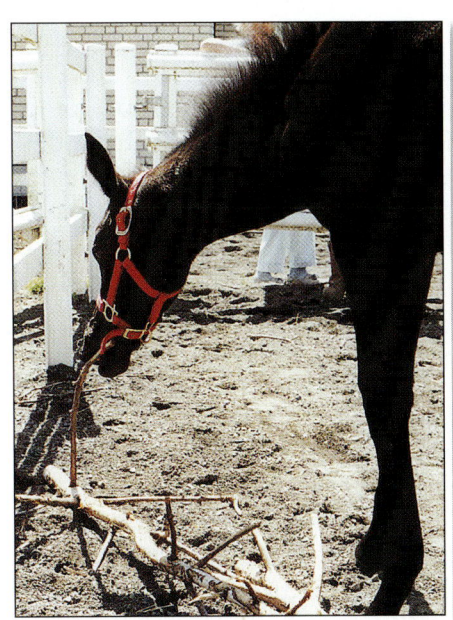

Äste im Auslauf sorgen für Beschäftigung und Zufuhr von Mineralstoffen

terscheidet sich kaum von jener der Jährlinge. Ihr Energie- und Nährstoffbedarf ist ungefähr gleich. Mit dieser Fütterung erreichen wir bei den jungen Pferden ein gleichmäßiges Wachstum ohne Entwicklungsstörungen. Wir vermeiden damit Wachstumsdepressionen durch eine schlechte Weide ebenso wie Wachstumsschübe durch Überfütterung.

MUTTERLOSE AUFZUCHT

Es kommt selten vor, kann aber dennoch passieren, daß die Mutterstute ernsthaft erkrankt oder stirbt. Sofern dann keine Ammenstute zur Verfügung steht, und das wird in den seltensten Fällen der Fall sein, ist eine mutterlose Aufzucht notwendig. Es ist durchaus möglich, ein mutterloses Fohlen aufzuziehen, auch wenn dies mit einem gehörigen Aufwand an Arbeit verbunden ist.

Stirbt die Mutterstute bei oder kurz nach der Geburt, ist es das Wichtigste für die Gesundheit des Fohlens, daß die Kolostralmilch ersetzt werden kann. Große Gestüte oder auch Pferdekliniken haben zum Teil konserviertes Kolostrum vorrätig. Dazu wird den Stuten unmittelbar nach dem Säugen der eigenen Fohlen innerhalb der ersten 4 Stunden nach der Geburt Kolostrum abgenommen und sofort bei – 20 °C schockgefroren.

Ist es nicht möglich, das mutterlose Fohlen mittels einer Ammenstute mit Kolostrum zu versorgen, erhält es mittels einer Flasche oder im Zweifelsfall auch mit einer Magensonde leicht erwärmte Kolostralmilch. Danach kann anhand eines Blutserumtests überprüft werden, ob das Fohlen eine ausreichende Menge an Antikörpern aufgenommen hat.

Im Anschluß an die Kolostralmilch können die Fohlen Milchaustauscher erhalten. Diese sind im Handel als wasserlösliche Trockenpräparate erhältlich. Stutenmilch enthält ungefähr ein Drittel weniger Eiweiß, knapp die Hälfte Fett, aber ein Drittel mehr Milchzucker als Kuhmilch. Am Anfang werden die Milchaustauscher körperwarm aus Flaschen gegeben, sobald wie möglich kann man sie dann in Eimern mit Zitzen anbieten. Diese Eimer sollten in Höhe des mütterlichen

Gesäuges aufgehängt werden. Anfänglich wird 10–15 mal am Tag gefüttert, wobei die nächtlichen Pausen nur unwesentlich länger sein dürfen als am Tag. Ab der 2.–3. Woche kann man auf 6–8 mal am Tag verringern. Die täglich zu verfütternde Trinkmenge muß mindestens 15 % des Fohlengewichtes betragen.

Ab der 3.–4. Woche wird das Fohlen von sich aus immer mehr festes Futter aufnehmen, mehr als die Fohlen, die von ihrer Mutter gesäugt werden. Dies sollte unterstützt werden. In den meisten Fällen wird man den Fohlen Rauh- und Kraftfutter in beliebiger Menge anbieten können. So kann man die Tränkmenge nach ungefähr 3 Monaten langsam reduzieren, um die Fohlen baldmöglichst von der künstlichen Tränkquelle abzusetzen.

Nicht nur der Tod der Stute, sondern auch deren Erkrankung und der daraus resultierende Milchmangel können einen dazu zwingen, dem Fohlen Milch zufüttern zu müssen. Euterentzündungen sind bei Pferden recht selten, aber fieberhaft verlaufende Infektionen führen schnell zum Versiegen der Milch.

AUF EINEN BLICK

Stute

- Die Trächtigkeitsdauer liegt zwischen 320 und 365 Tagen.

- Dauer der Geburt, Austreibungsphase, beträgt 5–30 Minuten.

- Die Nachgeburt sollte unmittelbar nach der Geburt abgehen. Ist dies nicht der Fall, muß nach spätestens 2 Stunden der Tierarzt geholt werden.

- Die Nachgeburt beträgt etwa 11% des Fohlengewichtes und sollte auf ihre Vollständigkeit hin überprüft werden.

- Die Stute nimmt ungefähr 15 Minuten nach der Geburt die Brustlage ein und trägt ihren Kopf aufrecht.

- Das Kolostrum ist normalerweise klebrig und dickflüssig.

- Kontrollieren Sie das Euter der Stute, ob es entzündet ist.

Fohlen

- Die Atmung sollte spontan einsetzen, spätestens nach dem Reißen der Nabelschnur.

- Ein Aufrichten in Brustlage setzt nach 1–2 Minuten ein.

- Der Saugreflex sollte spätestens nach 20 Minuten einsetzen.

- 1 Stunde, maximal 2 Stunden nach der Geburt sollte das Fohlen aufgestanden sein.

- Normalerweise wird das Fohlen innerhalb der ersten 2 Stunden trinken, es können aber auch maximal 5–6 Stunden vergehen.

- Das Darmpech, Mekonium, sollte nach wenigen Stunden abgehen.

- In den ersten Tagen beträgt die Körpertemperatur des Fohlens 37,2 bis 38,9 °C, danach im Mittel 38,6 °C.

- Die Atemfrequenz beträgt 20–40 Züge in der Minute, im Lebensalter von 1 Woche nicht mehr als 30 Züge pro Minute.

- Die Herzfrequenz eines Fohlens direkt nach der Geburt beträgt ungefähr 70 Schläge pro Minute. Dann kann die Herzfrequenz bis auf 125 Schläge ansteigen, um danach für Fohlen auf einen normalen Wert von 90–100 Schlägen pro Minute zu fallen.

- Der erste Harn wird 6–10 Stunden nach der Geburt abgesetzt. Danach mehrmals täglich je ungefähr 50 ml.

- Kot wird mehrmals täglich abgesetzt, der erste Milchkot nach 10–48 Stunden.

- Der Nabel sollte langsam eintrocknen.

- Fohlen schlafen häufig (mehrmals täglich), meist in Seitenlage, aber auch in Bauchlage.

- Ein gesundes Fohlen saugt, schläft, kotet und uriniert in kurzen, regelmäßigen Abständen.

- Es ist neugierig, bewegt sich, beobachtet seine Umgebung und nutzt all seine Sinne.

- Ein neugeborenes Fohlen besitzt eine natürliche erste Scheu vor dem Menschen.

- Ein Fohlen nimmt in den ersten vier Wochen seines Lebens jeden Tag etwa 2 % seines Gewichtes zu.

- Ein gesundes Fohlen hat blaßrosarote Schleimhäute und ein glattes, glänzendes Fell.

Gesundheit

VORBEUGUNG VON KRANKHEITEN BEIM FOHLEN

Am häufigsten treten beim Fohlen **Infektionskrankheiten** auf. Die häufigste Todesursache ist die **Blutvergiftung**. Im Moment der Geburt kommt das Fohlen sozusagen aus einer sterilen Umgebung in eine Welt voller Krankheitserreger. Im Gegensatz zum Menschen können Antikörper der Mutter nicht in den Blutkreislauf des Fötus übertreten. Deshalb ist es unumgänglich, daß das Fohlen so bald wie möglich die erste Muttermilch, das *Kolostrum*, aufnimmt. Dadurch kommt es zu dem erforderlichen passiven Immun-Transfer. Ungefähr 12 Stunden nach der Geburt fällt der Gehalt an Antikörpern in der Muttermilch stark ab. Nur das neugeborene Fohlen besitzt, wie bereits erwähnt, die Fähigkeit, Immunglobuline aus dem Darm aufzunehmen. Nach ungefähr 36 Stunden ist dies nicht mehr möglich.

In der freien Natur kommen die Fohlen im späten Frühjahr und im Sommer auf die Welt, zu dieser Zeit sind die Umweltbedingungen bezüglich Wetter und Futterangebot am besten. Das Fohlen braucht ungefähr 12 Stunden, bis sein Herz- Kreislauf-System, seine Atmung, sein Stoffwechsel bis hin zur Wärmeregulation stabil reagieren. Dann muß es in freier Wildbahn in der Lage sein, mit der Herde mitzuziehen. Dazu kommt der Streß der Geburt, so daß das Fohlen in den ersten Lebensstunden und Tagen am anfälligsten ist. Das heißt, daß von vorneherein die Umstände so günstig wie möglich gestaltet werden sollten, um dem Fohlen einen guten Start ins Leben zu ermöglichen. Dies fängt bei der Stute an, die richtig ernährt sein und genügend Bewegungsmöglichkeiten haben muß. Natürlich gehört sie entsprechend geimpft und entwurmt. Dazu kommt ein vernünftig geplanter Zeitpunkt der Geburt, also der Deckung der Stute.

Die Geburt selbst sollte ohne Streß, d. h. in bekannter Umgebung, unter möglichst geringer Störung der Stute, ablaufen können. Nach der Geburt sollte man die Tiere zwar beobachten, sie aber ebenso weitestgehend in Ruhe lassen. Dazu gehört auch, daß Zuchttiere getrennt von Pferden gehalten werden, die an sportlichen Veranstaltungen teilnehmen. Diese können unbemerkt Erreger einschleppen, zum Beispiel **Herpesviren**, die aller Wahrscheinlichkeit nach Komplikationen bei den Zuchttieren hervorrufen.

*Ein Strohplatz
im Freien lädt
zum Ruhen ein*

Bei der Austreibung des Fohlens aus dem Mutterleib wird der Brustkorb des Fohlens durch die engen Geburtswege zusammengedrückt,
wodurch das vorhandene Fruchtwasser aus der Lunge gepreßt wird
und die Atemwege frei werden. Danach dehnt sich der Brustkorb sofort
aus, und durch den entstandenen Unterdruck wird Luft eingezogen –
der erste Atemzug des Fohlens. Das Fohlen liegt zu diesem Zeitpunkt
mit seinen Hinterbeinen immer noch im Geburtskanal der Mutter.
Dabei sollte die Nabelschnur noch intakt sein. Erst durch weitere
Bewegungen von Stute oder Fohlen reißt die Nabelschnur an vorbe-
stimmter Stelle und wird dadurch sofort verschlossen, damit keine
Krankheitserreger eintreten können. Nur in Notfällen sollte die **Nabelschnur** mittels einer sterilen Schere durchtrennt werden. Es besteht
hierbei die Möglichkeit, daß der Nabel blutet und dann zusätzlich abge-
bunden werden muß.

Die Nachgeburt muß selbstverständlich überprüft werden. Wird sie
nicht rechtzeitig abgestoßen, kann dies zu einer Hufrehe der Stute
führen.

Infektionen des Fohlens entwickeln sich im allgemeinen erst nach
der Geburt. Deshalb ist der Nabel, der eine leichte Eintrittspforte für
Bakterien darstellt, regelmäßig zu überprüfen. Auch auf Harnträu-
feln oder Ausfluß ist zu achten.

Eine ausreichende Aufnahme von Kolostrum ist, wie bereits erwähnt, auch notwendig, damit das Darmpech beim Fohlen abgeht. Unterstützt wird dies durch ausreichende Bewegung vom ersten Tag an.

Schon ein paar Stunden nach der Geburt sollten Mutter und Fohlen die Möglichkeit haben, sich – zumindest für kurze Zeit– außerhalb der Abfohlbox zu bewegen. Geht das Darmpech (*Mekonium*) nicht innerhalb eines Tages ab, muß ein Klistier verabreicht werden.

Ein gesundes Fohlen saugt, schläft und setzt Kot und Urin in kurzen, aber recht gleichmäßigen Abständen ab. Man sollte von Anfang an auf Unregelmäßigkeiten achten, um rechtzeitig eventuellen Erkrankungen vorbeugen zu können. Das Euter der Stute sollte gefüllt, aber nicht prall sein, dies wäre ein Zeichen dafür, daß das Fohlen zu wenig trinkt.

Auch nach der Geburt sollten Stute und Fohlen möglichst in Ruhe gelassen werden, damit sich das richtige Sozialverhalten zwischen beiden bilden kann. Dieses entwickelt sich in den ersten Minuten nach der Geburt, vor allen Dingen durch Belecken und Beriechen. Sollte die Stute wirklich aggressiv gegen ihr Fohlen sein, muß natürlich sofort eingeschritten werden. Ebenso bei Erstlingsstuten, die ihr Fohlen nicht ans Euter lassen und die vor lauter Sorge um ihren Nachwuchs diesen ständig beschnuppern, statt ihn trinken zu lassen. Das Euter füllt sich dadurch immer mehr, wird schmerzhaft, und die Stute läßt ihr Fohlen erst recht nicht trinken, selbst wenn es endlich am Euter angekommen ist. In diesem Fall ist die Stute aufzuhalftern, zu beruhigen und so lange unter Kontrolle zu halten, bis sie ihr Fohlen ohne Widerstand trin-

Auch bei der Verabreichung einer Wurmkur sollte das Pferd ruhig stehenbleiben

ken läßt. Dies ist in der Regel recht schnell der Fall, da durch das Trinken der Druck im Euter nachläßt und die Stute feststellt, daß damit auch der Schmerz geringer wird.

Das körpereigene Immunsystem des Fohlens entwickelt sich erst im 4. Lebensmonat. Ist die Mutterstute ordnungsgemäß geimpft, reicht es aus, im Alter von 5 bis 6 Monaten mit der Impfung des Fohlens zu beginnen, um einen ausreichenden Impfschutz aufzubauen. Vorher bildet sich dieser trotz erfolgter Impfung noch nicht vernünftig.

Bei Streßsituationen gleich nach der Geburt, aber auch beim Absetzen wird eine **Paramunisierung** empfohlen. Dadurch wird die körpereigene, erregerunspezifische Abwehr unterstützt. Diese Paramunitäts-Inducer sorgen für eine erhöhte Virusresistenz von Zellen durch die Bildung von Interferon und aktivieren die natürlichen Killerzellen und die Bildung weißer Blutkörperchen sowie die Lymphozyten-Proliferation und sorgen damit für eine bessere Immunabwehr des Fohlens. D. h. die Abwehrbereitschaft wird unspezifisch gesteigert.

Nicht nur eine Infektion mit Viren und Bakterien gefährdet das Fohlen, sondern auch der **Befall mit Parasiten**. So sollte es ganz selbstverständlich sein, daß die Stute ordnungsgemäß entwurmt wurde. Dabei sollte man daran denken, daß auch mit 6 Entwurmungen pro Jahr kein Pferd wurmfrei zu halten ist, sondern die vorhandene Anzahl der Parasiten nur minimiert wird. Das Fohlen nimmt normalerweise über die Muttermilch Zwergfadenwürmer auf, die Durchfall, Müdigkeit und Abmagerung verursachen. Spätestens wenn die Fohlen auf die Weide kommen, können sie sich auch mit anderen Parasiten anstecken. Deshalb muß die Stute kurz vor der Geburt, das Fohlen 7 Tage nach der Geburt mit den entsprechenden Präparaten entwurmt werden. Danach werden beide in kurzem Abstand nochmals entwurmt, um den Befall so gering wie möglich zu halten.

Impfungen

Die wichtigsten Impftermine

Pferdehusten: Grundimmunisierung ab dem 5. Lebensmonat. 3 Impfungen, davon die erste und zweite Impfung im Abstand von 8 Wochen, die dritte Impfung 4 Monate nach der zweiten Impfung. Wiederholungsimpfungen im Abstand von 6 Monaten (bei Resequin ® plus).

Tetanus: Grundimmunisierung ab dem 5. Lebensmonat. 3 Impfungen, davon die erste und zweite Impfung im Abstand von 4–8 Wochen, die dritte Impfung 12 Monate nach der zweiten Impfung. Wiederholungsimpfungen in Abständen von 24 Monaten.

Tollwut: Impfung ab der 7. Lebenswoche.
Keine spezielle Grundimmunisierung. Wiederholungsimpfungen in Abständen von 12 Monaten, am besten 3 Wochen vor Weideauftrieb.

FOHLENKRANKHEITEN

Darmpechverhaltung

Im Darm des neugeborenen Fohlens befindet sich das Darmpech, das sogenannte *Mekonium*. Dieses sollte innerhalb der ersten Lebensstunden vom Fohlen abgesetzt werden, ansonsten kann man nachhelfen, indem man ihm ein entsprechendes Klistier verabreicht. Im Zweifelsfall ist rechtzeitig der Tierarzt zu holen, da es rasch zu kolikartigen Schmerzen kommen kann, die sogar zum Tod führen können.

*„Meister Schlappohr" – Nicht jeder ungewöhnliche Ausdruck
des Fohlens signalisiert eine Krankheit*

Durchfall

Fohlen leiden in der ersten Zeit recht schnell an einem nichtinfektiösen Durchfall. Ursachen hierfür gibt es viele. Durch die Hormonumstellung der Stute kommt es zu Veränderungen der Milch, aber auch Giftstoffe, die von der Stute über das Futter aufgenommen wurden und die bei ihr selbst nicht deutlich in Erscheinung treten, können beim Fohlen sofort Durchfall auslösen. In Frage kommen muffiges Heu, Stroh oder zuviel Grünfutter. Der Tierarzt wird dem Fohlen Vitaminspritzen verabreichen.

Zu einem späteren Zeitpunkt auftretender Durchfall ist meist infektiöser Natur. Am besten ist es, man läßt dies den Tierarzt durch eine Kotuntersuchung abklären. Liegt tatsächlich ein bakteriell bedingter Darmkatarrh vor, wird der Tierarzt passende Antibiotika verabreichen. Gerade beim Fohlen ist der Durchfall eine ernstzunehmende Erkrankung, da es durch den durchfallbedingten Flüssigkeitsverlust schnell zu einer Austrocknung des Körpers kommt. Dann kann es notwendig werden, dem Fohlen mittels Infusionen Elektrolytflüssigkeit zuzuführen.

Festliegen

Es kommt vor, daß sich ein Fohlen so nahe an einer Wand hinlegt, daß es zum Aufstehen nicht mehr genügend Schwung holen kann. Oder es wälzt sich nahe an der Wand, rollt herum, liegt fest und kommt nicht mehr hoch. Man packt das Fohlen am Hals und an der Mähne und versucht es, zusammen mit einem Helfer, rhythmisch zur Seite zu ziehen. Reicht dies nicht aus, kann man zwei Seile um die Fesseln der hinten liegenden Vorder- und Hinterbeine schlingen, um das Fohlen langsam über den Rücken zurückzuwälzen.

Fieber

Die Körpertemperatur des Fohlens wird mit einem normalen Fieberthermometer im After gemessen. Die Spitze des Thermometers wird

mit Vaseline gleitfähig gemacht, dann wird es vorsichtig in den After des Pferdes eingeführt und entweder 2–3 Minuten lang festgehalten, oder bei unruhigen Tieren mit einer Schnur und einer Wäscheklammer vorsichtshalber am Schweif angeklemmt. Dazu bindet man eine Schnur um das Thermometer und klammert diese mit einer Wäscheklammer an die Schweifhaare. Kontrahiert das Fohlen den Aftermuskel, kann das Thermometer auf diese Weise nicht auf den Boden fallen. Die Körpertemperatur eines gesunden Fohlens liegt bei 38,6 Grad Celsius.

Fohlenlähme

Die Fohlenlähme erfolgt meist durch eine Infektion mit Eitererregern über den Nabel. Die infizierten Fohlen sind matt und verharren in steifer Haltung. Sie besitzen eine Körpertemperatur von über 39,5 °C und weisen schmerzhafte Gelenkschwellungen auf, die zur Lahmheit führen. Unbehandelt, führt die Fohlenlähme schnell zu einer tödlichen Blutvergiftung.

Der Tierarzt behandelt mit Antibiotika und Sulfonamiden. Zur Vorbeugung sollte man den Nabelstumpf täglich kontrollieren. Trocknet er nicht richtig ein, wird er mit Jod oder einem Antibiotikaspray behandelt. Früher wurde neugeborenen Fohlen sofort ein Langzeitpenicillin injiziert, um der Fohlenlähme vorzubeugen. Dieses Vorgehen ist heutzutage stark umstritten. Ist für absolute Sauberkeit beim Abfohlen und eine sorgfältige Nabelversorgung gesorgt, sollte dies nicht notwendig sein.

Hämolytische Krankheit

Nicht nur beim Menschen, sondern auch beim Pferd kann es vorkommen, daß sich die Blutgruppen von Hengst und Stute nicht vertragen. Dabei werden die roten Blutkörperchen des Fohlens durch die in der Kolostralmilch enthaltenen Antikörper zersetzt.

Frühestens acht Stunden nach der Geburt zeigen sich Saugunlust, Schwäche und später auch Gelbsucht. Die Heilungsaussicht ist von Fall zu Fall verschieden. Durch eine Blutgruppenuntersuchung kann die Gefährdung vor der Geburt erkannt werden. Das neugeborene Fohlen darf keine Kolostralmilch der eigenen Mutter erhalten, sondern muß mit der einer anderen Stute gefüttert werden.

Harnschnurfistel

Die Harnschnur, auch *Urachus* genannt, verbindet die Blase des Fötus mit der Eihaut, die den Harn aufnimmt. Verkümmert nach der Geburt diese Verbindung nicht richtig, wie es vorgesehen ist, dann entsteht eine Fistel, durch die Harn aus dem Nabel tröpfelt. Es kann dadurch schnell zu einer aufsteigenden Infektion und einer Blasenentzündung kommen. Der Tierarzt entfernt die Fistel chirurgisch.

Nabelbruch

Es kann mitunter vorkommen, daß sich kurz nach der Geburt ein Bruchsack in der Nabelgegend bildet. Ist der Bruch sehr groß, besteht die Gefahr, daß ein Darmabschnitt eingeklemmt wird. Das Fohlen muß dann sofort operiert werden. Ist der Bruchsack klein, wird erst gegen Ende des ersten Lebensjahres operiert. Die Operation erfolgt immer unter Vollnarkose.

Rachitis

Gestörte Mineralisation der Grundsubstanz des wachsenden Knochens infolge unzureichenden Calcium- beziehungsweise Phosphatangebots, die überwiegend die Endabschnitte der Röhrenknochen betrifft. Zu wenig Vitamin D und ein falsches Mengenverhältnis zwischen Calcium und Phosphor oder Phosphormangel verursachen Rachitis. Bei ausreichend vorhandener Sonneneinstrahlung bildet der Körper selbst Vitamin D. Verstärkt werden diese Mangelschäden demzufolge durch dunkle Stallungen.

Behandelt wird die Rachitis mittels Gabe von Vitamin D und A. Daher unbedingt auf eine ausgewogene Fütterung achten, die für ein

ausreichendes Angebot an Mineralstoffen, Spurenelementen und Vitaminen sorgt. Selbstverständlich sollte auch die tragende Stute schon bedarfsgerecht gefüttert werden.

KASTRATION

Im allgemeinen wird ein Junghengst kastriert, wenn er anfängt, zu hengstig zu werden, also Schwierigkeiten im Umgang macht. Ein solcher Junghengst vergißt dann gerne auch auf die beste Erziehung. Das kann im Alter von einem, zwei oder auch erst mit drei Jahren sein.

Es gibt zwei verschiedene Methoden der Kastration: Man kann im Stehen oder im Liegen kastrieren.

Bei der Kastration im Stehen wird dem Pferd eine Beruhigungsspritze verabreicht und ein örtliches Betäubungsmittel in die Haut und in die Hoden gespritzt. Dann wird im Stehen kastriert.

Bei der Kastration im Liegen wird das Pferd narkotisiert und im Liegen kastriert. Diese Operation wird von manchen Tierärzten auch auf der Koppel durchgeführt. Eine Kastration stellt für ein Pferd einen gewaltigen Eingriff dar und sollte aus Sicherheitsgründen in einer Pferdefachtierklinik unter Vollnarkose durchgeführt werden.Treten Komplikationen während der Operation auf, wie zum Beispiel bei einem Leistenhoden, kann dem Tier hier fachgerecht geholfen werden.

Die Schnittwunde bleibt offen, damit das Wundsekret abfließen kann. In den nächsten Tagen sollte das Pferd viel im Schritt, an der Hand oder an der Longe bewegt werden, damit es zu keinen Flüssigkeitsansammlungen kommt und dem sogenanntem Schlauchödem entgegengewirkt wird. Normalerweise ist keine Nachbehandlung erforderlich. Kommt es allerdings zu starken Schwellungen im Bereich von Hoden und Schlauch oder zu Nachblutungen, sollte unverzüglich der Tierarzt gerufen werden.

Jungpferde-erziehung

In freier Wildbahn hängt die Autorität der dominanten Stute von zwei Faktoren ab: Respekt und Vertrauen. Sie erreicht den Respekt anderer Herdenmitglieder, indem sie gegenüber Herausforderungen fest bleibt, und sie verdient sich deren Vertrauen durch ihre Aufmerksamkeit gegenüber Feinden, während die anderen schlafen oder grasen. Die Untergebenheit der anderen ihr gegenüber hat nichts mit Furcht vor ihr zu tun.

Ob Sie ein Fohlen halfterzahm machen möchten oder es später zum ersten Mal satteln wollen, ja selbst wenn Sie mit einem älteren, bereits trainierten Pferd arbeiten – als erstes müssen Sie diesem Pferd Ihre Rangordnung klarmachen. Jedes Pferd hat ein instinktives Verständnis für dieses Prinzip, es liegt einfach in seiner Natur. Der Mensch muß immer die Nummer eins sein, das Pferd die Nummer zwei, unumstößlich. Trotzdem muß man nicht mit Gewalt oder Furcht arbeiten, um dem Pferd gegenüber zu beweisen, daß man über ihm steht. Man braucht es nicht schlagen, um den notwendigen sozialen Respekt zu gewinnen, sondern man muß nur seine Körpersprache richtig einsetzen. Probleme treten auf, wenn das Pferd keinen Respekt und / oder kein Vertrauen zu Ihnen hat. Als allererstes müssen Sie den Respekt Ihres Pferdes gewinnen. Wenn es Sie nicht respektiert, ist alle Arbeit umsonst. Diesen Respekt bringt man einem Fohlen oder Jungpferd am besten vom Boden aus bei, denn wenn Ihnen das Pferd am Boden keinen Respekt zollt, wird es später auch keinen haben, wenn Sie sich auf seinem Rücken befinden.

Wenn Ihr Pferd sich gegen Sie drückt, sich an Ihnen reibt, an Ihnen knabbert oder in einer anderen Weise in Ihre Privatsphäre eindringt, ohne dazu eine deutliche Einladung von Ihnen bekommen zu haben, dann zeugt dies von einer ausgeprägten Respektlosigkeit Ihnen gegenüber. Durch solch ein Verhalten verhält es sich dominant, das heißt, es empfindet sich als ranghöher als Sie. Und wenn es Sie nicht respektiert, dann wird es Ihnen auch nicht vertrauen.

Wir müssen von Anfang an darauf achten, daß wir dem Fohlen Grenzen setzen. Es darf uns nicht als Pferd und Weidegenossen behandeln, sondern muß erkennen, daß wir ihm sogar früher Grenzen setzen als seine Artgenossen. Wenn es versucht, uns zu zwicken, bekommt es umgehend einen Klaps auf die Nase. Fohlen lernen sehr rasch, was sie tun dürfen und was nicht. Trotzdem müssen wir immer umsichtig

*Fohlen laufen
gern und viel*

*Ein gut erzogener
Junghengst*

*Aufgehoben in der
Gruppe, fühlt sich
das Fohlen sicher*

sein im Umgang mit Fohlen, da sie mit ihrem überschüssigen Temperament durchaus auch in der Lage sind, sich schnell umzudrehen und nach uns auszuschlagen, was keinen Angriff darstellt, sondern eine Spielaufforderung. Das Fohlen muß erst lernen, daß es mit uns Menschen vorsichtiger umzugehen hat als mit seinen eigenen Artgenossen.

Legen Sie die Regeln im Umgang mit Ihrem Pferd fest und bleiben Sie auch dabei, dann wird Ihr Pferd den nötigen Respekt vor Ihnen haben. Fangen Sie an diese Regeln zu lockern oder sind inkonsequent in der Ausübung dieser Regeln, so wird es nicht lange dauern, und Sie werden von Ihrem Pferd nicht mehr respektiert werden. Auf diese Weise erzieht man sich ein späteres „Problempferd". Respekt gewinnt man nicht durch die Ausübung von Gewalt, sondern indem man sich die Instinkte des Pferdes zunutze macht und Respekt in einer Sprache verlangt, die das Pferd versteht. Dazu muß der Mensch das Sozialverhalten des Pferdes verstehen und sich auf seiner Ebene verständigen können. Dadurch wird nicht nur Respekt, sondern auch eine besondere Form des gegenseitigen Vertrauens aufgebaut. Wenn ein Pferd weiß, daß Sie ihm nicht weh tun werden und daß es sich auf Sie verlassen kann, wird es tun, was Sie verlangen. Manch ungewohnte Situation erscheint dem Pferd furchteinflößend, aber wenn Sie dem Pferd mit Ihrem sicheren Auftreten des Ranghöheren beweisen, daß seine Furcht unbegründet war, beginnt es, Vertrauen in Sie zu setzen. Und dies bildet die Grundlage dafür, daß Sie sich irgendwann beide völlig aufeinander verlassen können.

VERSTÄNDIGUNG

Bei der Erziehung stellt sich als erstes die Frage, wie intelligent ein Pferd denn nun eigentlich ist. Die Intelligenz von Tieren ist nicht einfach zu beurteilen. Als Intelligenz könnte man beim Tier zum Beispiel die Fähigkeit zur Problemlösung werten. Es gibt Künstler unter den Pferden, die fast jedes Gatter zu öffnen imstande sind, oder ist vielleicht das gute Nachhausefinden von Pferden Intelligenz? Vielleicht beruht

es nur auf einem guten Instinkt. All dies ist nicht einfach zu beurteilen. Um Probleme lösen zu können, benötigt man auf jeden Fall ein gutes Erinnerungsvermögen. Das haben Pferde ganz gewiß. Man kann ihnen während der Ausbildung beibringen, auf Kommando ganze Reaktionsketten auszuführen. Auch die Sinnesorgane sind bei der Beurteilung der Intelligenz wichtig. Pferde haben sehr feine Sinnesorgane und nehmen vieles wahr, was wir überhaupt nicht bemerken.

Nun, es sei dahingestellt, was der Intelligenz und was dem Instinkt zuzuordnen ist, die meisten Pferdehalter sind sicherlich der Meinung, ein besonders intelligentes Tier zu besitzen.

Erziehung des Pferdes heißt, das Pferd zumindest zum Teil neu zu konditionieren. Was bedeutet dies? Wir geben einen Impuls, ein Signal, und das Pferd soll in einer Art und Weise, wie wir es wünschen, darauf reagieren. Das Signal muß so geartet sein, daß es das Pferd verstehen kann, beziehungsweise daß wir ihm die Bedeutung des Signals klarmachen können. Erfolgt vom Pferd die gewünschte Reaktion, muß eine positive Bestätigung von uns erfolgen. Die Belohnung kann in manchen Situationen ein Leckerchen sein, aber letztendlich drückt sie sich darin aus, daß die neue Situation für das Pferd angenehmer ist als die vorhergehende. Berühren wir es zum Beispiel leicht mit der Gerte oder mit der Hand, um es seitwärts treten zu lassen, liegt es in der Natur des Pferdes, diesem Druck auszuweichen, sofern es aufmerksam ist. Weicht das Pferd aus, lassen wir es ruhig stehen und sich ausruhen. Das ist die Belohnung dafür.

Kommen wir auf den Druck beziehungsweise die Art der Anwendung des Drucks zurück. Drücken wir mit Kraft gegen ein Pferd, wird es im Normalfall immer mit Kraft zurückdrücken. Ziehen wir mit Kraft am Halfter, wird es auch hier zurückziehen. Geben wir kleine Druckimpulse, etwa wie verstärktes Tätscheln, dann weicht es aus. Solche Vorgänge muß man kennen, um sie sich in der Pferdeerziehung zunutze zu machen. Genauso funktioniert später die Hilfe des Schenkeldruckes beim Reiten. Je nachdem, wo wir den Schenkeldruck anwenden, weicht das Pferd entweder nach vorne oder aber seitwärts aus. Die unterschiedlichen Stellen bekommt es während seiner Ausbildung beigebracht. Die Belohnung erfolgt beim Pferd vorrangig in der Art, daß anschließend der Druck weg ist. Das ist sehr wichtig, sonst stumpft das Pferd ab und reagiert nicht mehr auf leichte Hilfen.

Kennt man sich in der Physiologie der Reizleitung etwas aus, so weiß man, daß die Wirksamkeit eines Reizes, zum Beispiel die Schenkelhilfe, nicht dadurch erhöht wird, indem man einfach die Intensität verstärkt. Es gibt eine spezifische Reizschwelle, die nach dem Alles-oder-nichts-Prinzip funktioniert. Entweder der Reiz liegt unterhalb dieser Reizschwelle, dann wird keine Reaktion ausgelöst, oder er liegt über dieser, dann kommt es zu einer Reaktion. Ob diese wiederum unbedingt unserer erwarteten Reaktion entspricht, das ist eine andere Frage. Erhöhen wir die Intensität und die Häufigkeit eines Reizes über ein bestimmtes Maß hinaus, so stumpft die Reaktionsfähigkeit ab. Dies erklärt, warum Reitpferde auf ständig klopfende Schenkelhilfen letztendlich immer weniger reagieren. Jedes Pferd reagiert sehr empfindlich auf eine Berührung. Schauen Sie sich einen Kaltblüter auf der Weide an. Er reagiert im Sommer auf eine kleine Fliege, die sich auf ihm niederläßt. Aber in unseren herkömmlichen Reitschulen wird immer noch gelehrt, beim Loben des Pferdes kräftig dessen Hals zu tätscheln, was manchmal noch eine untertriebene Bezeichnung dafür ist. Es sollte immer die feinstmögliche Hilfe angewendet werden. Sicherlich gibt es bei verschiedenen Pferden auch eine unterschiedliche Sensibilität, auch sind verschiedene Körperpartien unterschiedlich empfindlich. Aus diesem Grunde sollte man sein Pferd aufmerksam beobachten, um in der ihm entsprechenden Art und Weise mit ihm umgehen zu können.

Pferde freuen sich, wenn man ihnen Aufgaben stellt. Zumindest wenn man ihnen die richtigen Aufgaben stellt, die sie auch zu lösen imstande sind und die sie zur Lösung der Aufgaben richtig motiviert. Dazu gehört natürlich das positive Feedback. Will ich dem Pferd eine bestimmte Übung beibringen, gehört dazu, daß ich es jedes Mal nach dem erwünschten Erfolg lobe. Ich kann es nicht einmal loben und einmal nicht. Durch die Kontinuität wird die Belohnung verstärkt. Beherrscht das Pferd die Übung, wird die Belohnungsintensität langsam wieder abgebaut, da ich dann eine andere Hauptübung trainiere. Am Schluß reicht alleine die lobende Stimme und / oder ein leichtes Streicheln am Hals.

Pferde reagieren sehr leicht auf die menschliche Stimme. Dies kann man sich nicht nur dafür zunutze machen, daß man ein Pferd auch auf Stimmkommandos hin ausbildet, sondern man kann es auch beim Loben und Ermahnen einsetzen. Pferde können wie kleine Kinder am Tonfall der Ermahnung ermessen, wie dringend es ist, jetzt endlich folgsam zu sein. Genauso können sie sich freuen wie die Kinder, wenn man unterwegs ein schwieriges Abenteuer (Plastikplane, Wassergräben oder was auch immer) überstanden hat und das Tier über den grünen Klee lautstark lobt. Natürlich versteht das Pferd nicht die einzelnen Worte. Ein Zuhörer würde sich wahrscheinlich an den Kopf fassen und von einer Vermenschlichung des Pferdes sprechen, aber der Tonfall ist entscheidend. Und es ist einfacher, mit den entsprechenden Wörtern den Tonfall zu schaffen als mit irgendeiner beliebigen Laut- / Silbenkombination. Probieren Sie es doch einmal aus.

Es gibt verschiedene Arten der Belohnung, die auch unterschiedlich eingesetzt werden. Dies kann auch von Pferd zu Pferd unterschiedlich sein. Normalerweise lasse ich ein Pferd, das eine Übung auf dem Reitplatz gut absolviert hat, zur Belohnung ein paar Minuten ruhig stehen. Dies ist eine gute, angemessene, positive Bestätigung. Von den meisten Pferden wird das auch so aufgefaßt. Stellen Sie sich jetzt aber einen temperamentvollen Araber vor, was meinen Sie, was für eine Bestärkung das für ihn ist? Natürlich nicht immer eine negative. Denn wenn ich ihm früher in der Ausbildung schon beigebracht habe, wie angenehm es ist, auch einmal ruhig stehenzubleiben, dann wird es auch für ihn eine positive Bestätigung sein. Hat er das aber

Ein Laufstall ist die beste Haltungsform für groß und klein

Jung, edel und lernfähig

noch nicht gelernt, wird es eine ausgesprochene Strafe für ihn sein. Für manche Pferde ist es eine Belohnung, nach einem anstrengenden Training auf dem Reitplatz noch eine Stunde ins Gelände zu bummeln, für andere ist es die größere Belohnung, direkt nach Hause zu kommen. Man muß sich auf jedes einzelne Pferd, beziehungsweise seine Persönlichkeit einstellen. Man muß in einem Pferd lesen und auch wie ein Pferd denken können. Nur dann sind wir auch dazu fähig, unsere geliebten Vierbeiner richtig zu verstehen.

> Es ist wesentlich einfacher, einem Pferd mit dieser Methode eine gewünschte Reaktion beizubringen, als ihm später eine unerwünschte Reaktion abzugewöhnen.

Deshalb sollten wir von Anfang an darauf bedacht sein, das Pferd richtig zu erziehen. Wir sind bei der Erziehung des Pferdes durchaus auf seinen guten Willen angewiesen. Das heißt nicht, daß wir dem Pferd einfach seinen Willen lassen sollen und es Aufgaben nur zu erfüllen braucht, wenn es selbst möchte. Nun, so geht das natürlich nicht, aber große Leistungen, egal ob auf Turnieren, bei kritischen Situationen im Gelände, oder auf Distanzritten, werden vom Pferd nur erbracht, wenn es selbst willig mitmacht. Wenn es selbst die Situation meistern möchte. Ein Pferd, das durch Bestrafung dazu gezwungen wird, eine schwere Dressurprüfung zu gehen, wird sie gehen, sofern sein Ausbildungsstand es zuläßt. Aber wie wird es sie gehen? Saft- und kraftlos, eben einfach lustlos. Das Pferd muß mit uns zusammenarbeiten wollen. Es ist unsere Aufgabe, es dazu zu motivieren. Wir erwarten etwas vom Pferd, also müssen wir es dazu motivieren, daß es gerne mitmacht. Leckerchen sind natürlich ein möglicher Ansporn. Eine noch größere Motivation ist die, eine richtige Beziehung zu dem Pferd aufzubauen. Und wir müssen dieselbe Sprache sprechen. Das bedeutet, ich muß mich dem Tier richtig verständlich machen. So, wie mich das Pferd – seinem Ausbildungsstand nach – verstehen kann. Gebe ich widersprüchliche Hilfen bei einem ausgebildeten Pferd, wird es sich das gewiß eine Zeitlang gefallen lassen. Aber lange läßt es sich verständlicherweise nicht konfus machen und wird dann mit deutlichem Widerwillen reagieren.

So ist ganz wesentlich, daß ich mich dem Pferd gegenüber mit dem richtigen Sozialverhalten nähere. Der Mensch hat für das Pferd ranghöher zu sein, nicht weil er es beherrschen möchte, sondern gerade weil er kräftemäßig eindeutig unterlegen ist. Ich bin sein Alphatier, sein Leittier. Das bedeutet zum Beispiel für das Pferd, daß es mich, läuft es neben mir, nicht zu überholen hat. Wenn es dies tut, bekommt es einen kleinen Klaps auf die Nase. So etwas muß man vorweg ahnen, sonst ist man zu langsam. Gehe ich frontal auf ein Pferd zu, muß es mir ausweichen, da ich ranghöher bin. Will ich mein Pferd aufhalftern, sollte ich mich also seitwärts nähern. Genausowenig werde ich dem Pferd aus dem Weg gehen, wenn es auf mich zukommt. Da ich ranghöher bin, muß es mir ausweichen. Um dies zu praktizieren, sollte die Ranghöhe allerdings schon klargestellt sein. Ich habe keine Lust, mich über den Haufen rennen zu lassen und anschließend zum Pferd zu sagen: ich war aber ranghöher.

Man sollte bedenken, daß auch ein Pferd einmal einen schlechten Tag haben kann. Auch wir haben Phasen, in denen uns das Lernen leichter oder schwerer fällt. Merken wir das bei unserem Pferd, heißt das nicht, daß wir mit dem Training gleich aufhören müssen. Aber wir können den Unterricht etwas leichter gestalten und müssen nicht unbedingt irgend etwas Neues oder besonders Schweres trainieren. Allerdings gilt es auch hier, sein Pferd gut zu kennen. Es gibt wahre Schauspieler unter ihnen, denen es immer gerade schlecht geht, wenn wir etwas von ihnen wollen. Pferde sind einfach oftmals wie Kinder.

Verhaltensprobleme bei Pferden sind meist umweltbedingt. Oftmals gehen sie auf nicht artgerechte Haltung zurück. Mangelnde Bewegung, Langeweile und mangelnder Sozialkontakt rufen eine Menge unerwünschter Verhaltensweisen hervor. Auch das Koppen und Weben gehören hierzu. Viele Ungezogenheiten verschwinden spurlos, wenn die Pferde im Offenstall gehalten werden. Sie sind ausgeglichener, harmonischer und dementsprechend auch viel leistungswilliger. Besonders fällt dies bei Arabern auf, die von Natur aus, oder besser gesagt, von der Zucht aus, zum Teil sehr nervig sind. Sperrt man Araber in die Box, werden sie meist immer unausstehlicher. Ich habe schon wunderschöne, temperamentvolle, aber ausgeglichene Araber gesehen, die allerdings in Auslaufhaltung standen. Können Pferde ihre ihnen angestammte Lebensweise nicht richtig ausleben, können sie nicht stundenlang am Tag fressen, laufen und spielen, werden sie mitunter reichlich aggressiv, nehmen Stalluntugenden an, oder sie resignieren. Dann gleichen sie mehr einem Sportgerät als einem Lebewesen. Pferde in Auslaufhaltung sind fast immer in Bewegung. Holt man sie zum Arbeiten, leiden sie nicht unter einem Bewegungsstau wie Boxenpferde, die zuallererst am liebsten buckelnd davonrennen würden, um endlich... Nur, der Mensch will ja ernsthaft arbeiten.

Von Natur aus ist das Pferd nicht aggressiv. Allerdings kann es durch falsche Behandlung aggressiv werden. Das Wichtigste ist, daß Pferde im Herdenverband aufwachsen. Sie erziehen sich dann gegenseitig, und es wird kaum Schwierigkeiten mit Aggressivität geben. Pferde sind sehr soziale Tiere, und wenn man richtig mit ihnen umgeht, verspüren sie auch kein Verlangen, aggressiv zu sein. Es gibt so manche Pferde, die erst dadurch zu Aggressivität neigen, weil ihnen von ihren sie liebenden Besitzern zu viel nachgesehen wurde. Schon Fohlen läßt man oftmals kleine Ungezogenheiten gerne durchgehen, weil sie eben noch so klein und possierlich sind. Aber erwachsene Pferde setzen den Fohlen durchaus Grenzen. Genauso müssen auch wir als Pferdehalter dies halten.

Jene Leute, die behaupten, nicht grausam gegenüber Tieren sein zu können, mißverstehen meist nur das Sozialverhalten der einzelnen

Auch im Winter gehören Fohlen und erwachsene Pferde auf die Koppel

Gattung. Sie sind meist auch schuld daran, daß viele Pferde später bei einem Trainer sehr viel härter als notwendig bestraft werden müssen, um ihnen gefährliche Angewohnheiten wieder abzugewöhnen.

Die wichtigsten Grundschritte der Erziehung sind Disziplin und Konsequenz:

1. für den Pferdehalter
2. für den schlechtgelaunten Pferdehalter
3. für das Pferd

Die wichtigste Grundregel im Umgang mit Tieren ist, niemals die Beherrschung zu verlieren. Man sollte immer versuchen, mit dem Pferd zusammenzuarbeiten. Dazu sind allerdings gegenseitiger Respekt und Verständnis vonnöten.

Fohlen müssen in einer Gruppe aufwachsen, damit sie ein normales Sozialverhalten erlernen können

SOZIALVERHALTEN

Der Mensch hat das Pferd domestiziert. Damit übernahm er aber auch eine große Verantwortung. Wir müssen dem Pferd die Anpassung an ein domestiziertes Leben erleichtern, sonst entwickeln sich Verhaltensstörungen, die weder im Sinne des Menschen, noch im Sinne des Pferdes sein können. Die Haltungsbedingungen des Pferdes und seine Behandlung durch den Menschen müssen innerhalb seiner Anpassungsfähigkeit liegen. Dabei ist es nicht ausreichend, wenn man dem Tier Futter, Schutz, usw. bietet, es hat auch ein Recht darauf, seiner Art gemäß behandelt zu werden. Kein Pferd kann anfangen zu denken wie ein Mensch, aber der Mensch kann das Verhalten des Pferdes erkennen und anfangen zu denken wie ein Pferd.

Sozialverhalten bezeichnet ein Verhalten innerhalb einer Art, das im Interesse der jeweiligen Spezies ist. Sozialverhalten sichert durch ein bestimmtes Verhalten bessere Überlebens- und Fortpflanzungsmöglichkeiten für die eigene Art. Jede Tierart hat ein anderes Sozialverhalten entwickelt, um zu überleben. Dies ist der Grund, weshalb ein Tier nicht einfach beliebig reagiert, sondern es immer einen Auslöser für die jeweilige Reaktion gibt. Diesen sollten wir jeweils kennen oder erforschen, damit wir wissen, wie wir am pferdegerechtesten auf das Verhalten eingehen und das Pferd nach unseren Vorstellungen beeinflussen können.

Im Leben liegt meist eine Mischung von angeborenem und erworbenem Verhalten vor. Das angeborene Verhalten müssen wir erkennen, damit wir auf das erworbene Verhalten Einfluß nehmen können. Über unsere Körperkraft können wir keinen nachhaltigen Einfluß auf das Pferd ausüben. Selbst ein Jährling ist dem stärksten Mann kräftemäßig haushoch überlegen. Das Pferd zeigt eine große Kooperationsbereitschaft im Umgang mit dem Menschen, anders wäre es gar nicht möglich, mit dem Pferd so umzugehen, wie wir es tun.

Stammesgeschichtlich sind unsere Pferde friedliebende, flüchtende Steppengrasfresser. Der Herdenverband bietet dem Pferd ein großes Maß an Sicherheit. Das eigentliche Leittier einer Herde wird immer eine alte, erfahrene Stute sein. Nicht unbedingt die kräftigste, aber die erfahrenste. Dies birgt für die anderen Herdenmitglieder das größte Maß an Sicherheit, so daß sie in aller Ruhe fressen und schlafen können, solange die Leitstute keine Beunruhigung zeigt. So muß nicht jeder auf alles achten. Wenn ein Pferd erschreckt, schaut es erst einmal zum nächststehenden, ranghöheren Tier, um festzustellen, ob seine Reaktion überhaupt eine Berechtigung hat. Zeigt das ranghöhere Tier keine Beunruhigung, gibt es keinen Grund, sich zu ängstigen. Dies sollte man sich tunlichst in der Ausbildung des Pferdes zunutze machen. Wird man vom Pferd als ranghöher anerkannt, wird es sich ganz selbstverständlich unterordnen, da dies auf sein angeborenes Herdenverhalten zurückgeht.

Herdenleben

Man muß hier grundlegend vom Sozialverhalten in der freien Wildbahn ausgehen. Im Zusammenleben der Herde hat jedes Tier exakt seinen ihm zustehenden Platz. Das Pferd ist ganz klar ein Herdentier und darf niemals alleine gehalten werden. Es muß mindestens einen Artgenossen haben, um in einer Miniherde leben zu können. Im Notfall, wenn es vorübergehend nicht anders geht, kann man ein Pony, einen Esel oder auch ein Schaf dazu stellen, aber dies wird immer eine Ersatzlösung für das Pferd sein und sollte nicht von Dauer sein. Frei lebende Pferde leben in kleinen Familiengruppen zusammen. Selten besteht eine Herde aus mehr als 20 Pferden. Außer der Leitstute und dem Hengst befinden sich mehrere Stuten mit ihren Nachkommen in der Herde. Diese typische Familiengruppe ist in ihrer Zusammensetzung sehr stabil. Änderungen ergeben sich zum Beispiel, wenn die Junghengste geschlechtsreif werden und vom Hengst vertrieben werden. Sie schließen sich dann zu sogenannten Junggesellenherden zusammen und durchwandern das Gebiet. Diese Junggesellengruppen sind sehr labil in ihrer Zusammensetzung. Immer wieder wandern Junghengste ab, um alleine weiterzuziehen, sich mit erfahrenen Hengsten anzulegen oder einzelne einsame Stuten einzusammeln und für sich zu beanspruchen.

Die Bindung innerhalb der Familiengruppe ist besonders stark. Züchtet man selbst, kann man feststellen, daß miteinander verwandte Pferde, die auch noch zusammen in einer Herde aufgewachsen sind, einen besonders engen Kontakt zueinander haben. Selbst wenn sie nach längerer Zeit der Trennung wieder zusammengebracht werden,

gliedern sie sich viel schneller in eine bestehende Herde ein als Fremdzugänge. Besonders zwischen Stuten und ihren Töchtern ist eine enge Beziehung zu beobachten.

Im allgemeinen ist nur ein erwachsener Hengst in einer solchen Familiengruppe zu finden. Dieser ist sehr aggressiv gegenüber anderen erwachsenen, männlichen Tieren, die sich auch nur in die Nähe seiner Stuten und Jungtiere wagen. Nur außerhalb der Paarungszeit kann es vorkommen, daß der Hengst etwas lässiger reagiert, ansonsten verteidigt er ein ganz bestimmtes Gebiet um seine Herde, das absolut nicht von anderen Hengsten betreten werden darf. Auch Wallache erkennt der Hengst eindeutig als männlich, obwohl sie ihm ja keine Konkurrenz mehr machen können. Wallache sind in der Natur einfach nicht vorgesehen. Von Zeit zu Zeit wird der Hengst von anderen umherziehenden Hengsten zum Kampf herausgefordert. Normalerweise wird der erfahrene Hengst nur verlieren, wenn er zu alt oder zu krank geworden ist. In diesem Fall übernimmt der Junghengst die Führung und wird seine Herde anderen Hengsten gegenüber verteidigen müssen Wie bereits erwähnt, ist das eigentliche Leittier aber die Stute, die bestimmt, wann und wo gefressen oder geruht wird. Auch der Hengst fügt sich diesem Tagesablauf. Nur wenn sich ein anderer Hengst seinen

Moderne Auslaufhaltung auch für kleine Familiengruppen

*Auslaufhaltung
im Winter*

Stuten nähert, versucht er sie zusammenzutreiben und zu beschützen. Er galoppiert dann mit angelegten Ohren um seine Herde herum und versucht mit Drohgebärden auf den Herausforderer Eindruck zu machen.

Uneinheitlich ist das Verhalten des Hengstes gegenüber seinen eigenen Töchtern. Seinen männlichen Nachkommen gegenüber ist er sehr intolerant. Zum Teil wird er auch seinen erwachsenen Töchtern gegenüber intolerant, aber nie so ausgeprägt wie gegenüber männlichen Tieren. Teilweise gibt es innerhalb dieser Familiengruppe sicherlich Inzucht, was aber, wie wir aus der Tierzucht wissen, nicht unbedingt von Nachteil sein muß. Andererseits kommt es im Laufe der Jahre, trotz der großen Familienbindung, die der Hengst zu seiner Herde aufbaut, dazu, daß er von einem anderen Hengst abgelöst wird. Damit wird das Problem der Inzucht nicht zu groß.

Rangordnung

Bei wildlebenden Pferdeherden nimmt der Hengst im allgemeinen die höchste Rangstufe ein, eng gefolgt von der Leitstute. Danach folgen die erwachsenen Stuten, die noch nicht erwachsenen Zweijährigen, Jährlinge und dann die Fohlen. Für die Fohlen gilt dies nur bedingt.

Junge Fohlen übernehmen den Rangordnungsgrad ihrer Mutter. Das heißt, keine rangniedere Stute wird das Fohlen einer ranghöheren Stute auch nur bedrohen. Die Fohlen treten der Rangordnung ihrer Mutter gemäß mehr oder minder selbstbewußt auf und bleiben meist auch im Erwachsenenalter auf einer ähnlichen Rangstufe. Fohlen haben, wie viele andere Jungtiere auch, eine bestimmte Unterlegenheitsgebärde, die, auch wenn sie frech zu ranghöheren Tieren waren, diese schnell besänftigt. Sie führen dann mit entblößten Schneidezähnen eine Art schnelle Kaubewegung aus, wodurch mögliche Angriffe älterer Tiere meist unterlassen, auf jeden Fall aber stark abgeschwächt werden. Wallache rangieren in der Rangordnung fast ausnahmslos hinter den Stuten.

Nun darf man nicht annehmen, daß Pferde ständig um ihre Rangposition kämpfen müssen oder wollen. Eine ranghohe Stute besteht meist auf einem größeren Individualabstand. Das heißt, sie hält einfach mehr Abstand zu den anderen Pferden. Kommt ihr ein anderes Pferd zu nahe, wird sie mit Mimik und Gestik auf ihrem Individualabstand bestehen. Wird dies vom anderen Pferd ignoriert, bringt sie ihr Verhalten deutlicher zum Ausdruck. Im allgemeinen laufen solche Verständigungen ausschließlich mit Drohgebärden ab, sofern es sich um eine beständige Gruppe handelt.

Wenn neue Tiere zu einer bestehenden Pferdegruppe hinzukommen, sieht es schon etwas anders aus. Aber auch diese Rangordnungskämpfe laufen normalerweise nur mit Drohgebärden ab, sofern die Tiere ein normales Sozialverhalten zeigen. Dabei muß man natürlich schon mit einer Keilerei der Hinterhufe rechnen, was unter Pferden aber völlig normal ist. Unter Pferden, die sich untereinander kennen, wird dieses Ausschlagen normalerweise nur angedeutet. Nur wenn sich ein Pferd in die Enge gedrängt fühlt, kann es leicht zu heftigen Auseinandersetzungen mit Verletzungen kommen. Deshalb sollte man fremde Pferde bloß zusammenlassen, wenn genügend Platz zum Ausweichen vorhanden ist und keine Ecken, in denen sich das rangniedere Pferd festlaufen kann und dadurch stark verängstigt wird, weil es nicht mehr entkommen kann. Ein neu hinzugekommenes Pferd muß sich zuerst einmal innerhalb der gesamten Pferdeherde positionieren. Dabei wird es versuchen, denselben Status einzunehmen, den es auch in der letzten Herde innehatte.

Jedes Tier weiß stets, wo sich seine ranghöheren Weidegenossen befinden, und weicht ihnen normalerweise rechtzeitig aus. Dies ist auch wichtig bei aufkommender Gefahr. Erschrickt ein ranghohes Tier, wird das rangniedere dies sofort erkennen und reagieren. Dabei muß man bedenken, daß das rangniedere Pferd nicht unter seiner Position leidet. Eine hohe Rangstufe bringt auch ein großes Maß an Verantwortung mit sich. Ranghöhere Pferde, allen voran die Leitstute, zeichnen sich durch eine hohe Wachsamkeit aus. Sie müssen Gefahren rechtzeitig erkennen und richtig einschätzen, sie bestimmen, wann und zu welchen neuen Weidegründen gezogen wird und vieles mehr. Dafür dürfen sie an den besten Weideplätzen zuerst grasen, was sie sicherlich auch brauchen, um obigen Zeitaufwand wieder auszugleichen.

Kommunikation

Kommunikation ist der Austausch von Botschaften. Dazu braucht es einen Absender, einen Empfänger und ein Signal. Der Absender und der Empfänger müssen sozusagen in Resonanz zueinander stehen, sie müssen die gleiche Sprache sprechen, um sich verstehen zu können. Das Signal kann sehr vielseitig sein, es kann akustischer Natur sein oder optischer, ein Geruch, eine Berührung oder ein bestimmter Geschmack, eventuell auch ein Gedanke, wenn man an außersinnliche Wahrnehmungen denkt. Jegliches Verhalten hat letztendlich kommunikativen Charakter, denn eine Information kann bewußt und unbewußt übermittelt werden. Sitzen wir am Telefon, kann ein uns gegenübersitzender Mensch sehr wohl wahrnehmen, ob uns das Telefongespräch erfreut oder verärgert, auch wenn wir es ihm nicht ausdrücklich mitteilen.

Je genauer man ein Tier kennt, desto intuitiver kann man seine verschiedenen Stimmungen wahrnehmen, die sich nicht nur durch große Signale, wie zum Beispiel das Ohrenanlegen, ausdrücken. Zum Teil sind es nur kleine Muskelanspannungen, die Stimmungsveränderungen anzeigen. Pferde, aber auch Hunde zum Beispiel, reagieren auf solche kleinen Signale sehr direkt. Auch der Geruchssinn dient der Kommunikation, man denke nur an das Sexualverhalten oder den Herdengeruch.

Erste Kontaktaufnahme mit Fohlenmäulchen zur Besänftigung

Die Stute erkennt ihr Fohlen ebenso am Geruch. Kothäufen werden von Pferden ausgiebigst berochen, besonders natürlich fremde, ähnlich wie bei Hunden. Auch Pferde setzen, wie Hunde, Duftmarken ab, vor allen Dingen Hengste. Sie nehmen auch gerne ganz bestimmte feste Wälzplätze an, die dann nach der ganzen Pferdegruppe riechen. Auch durch gemeinsame Liegeplätze entsteht ein Gruppengeruch. Durch diese Duftmarken werden auch gewisse Reviergrenzen gekennzeichnet. Wilde Pferde leben in markierten Revieren, auch wenn sich diese Gebiete zum Teil überschneiden können. Auch Scheuerstellen gehören übrigens zu diesen Markierungen. Beim Sexualverhalten prüft der Geruchssinn die Paarungsbereitschaft.

Tast- und Geschmackssinn dienen der Kommunikation bei der Sozialpflege des Beknabberns. Pferde geben sich hingebungsvoll der gegenseitigen Fellpflege hin, sie ist wichtig für den Aufbau der einzelnen Beziehungen untereinander. Auch kann man beobachten, daß Gegenstände, die den Pferden interessant erscheinen, oftmals von ihnen beleckt werden.

Der Tastsinn in der Kommunikation ist natürlich besonders wichtig beim Sexualverhalten und für die Beziehung der Stute zu ihrem Fohlen. Letzteres hält intensiven Tastkontakt zu seiner Mutter, später auch zu anderen Herdenmitgliedern Die Fohlen rennen nach dem Spiel mit ihren Artgenossen zu ihrer Mutter zurück, um sich an ihr zu reiben. Auch stecken sie gerne schutzbedürftig ihre Nasen unter den Schweif der Mutter oder ihrer erwachsenen Freunde. Pferde im Herdenkontakt, vor allem rangähnliche, berühren sich sehr häufig gegenseitig. Auch bei der Kommunikation zwischen Mensch und Pferd spielt die Berührung eine große Rolle. Ein Pferd kann sich in seiner Berührungsintensität durchaus auf den Menschen einstellen.

Will man ein Pferd pferdegerecht begrüßen, wird man leicht in seine Nüstern blasen und es mit den Fingerspitzen am Hals kraulen, wie es die Stute mit ihrem Fohlen macht. Dies erzeugt ein ausgesprochenes Vertrauensverhältnis. Die Sensibilität eines Pferdes auf Berührung ist immens groß. Dies sehen wir bei gut ausgebildeten Dressurpferden oder guten Westernpferden, die auch ohne Gebiß, nur auf leichte Gewichtsverlagerung und kleinste Schenkelhilfen hin, wendige Manöver ausführen können.

Kommunikation läuft auch über das Gehör ab. Pferde haben eine ganze Menge verschiedener Lautäußerungen. Sie können schnarchen, schnauben, prusten, seufzen, husten, grummeln, quietschen und vieles mehr. Es ist interessant, die Bedeutung dieser unterschiedlichen Laute herauszufinden und festzustellen, wie Artgenossen darauf reagieren. Manche Geräusche scheinen nur Äußerungen des eigenen Wohlbefindens zu sein, andere drücken offensichtlich einfach Mißmut aus, oder sie bedeuten einfach Übermut und eine Spielaufforderung an andere.

Lebt man mit Pferden zusammen und versucht sie zu verstehen, weiß man ziemlich genau, welche Stimmungslaute von welchem Pferd gerade kommen. Manchmal machen Pferde, die ohne Sichtkontakt zu anderen gehalten werden, absichtlich Lärm in ihrer Box, um Verbindung mit ihren Artgenossen aufzunehmen. Beim Zusammenleben mit Pferden ist zu beobachten, daß sie sich nicht wie wir mit einzelnen „Wörtern" verständigen, sondern vielmehr durch Lautäußerungen einem inneren Gefühlsempfinden Ausdruck verleihen. Der Anlaß für diesen Gefühlszustand kann ganz unterschiedlich sein. Um die eigentlichen Ursachen ergründen zu können, muß man andere Kommunikationssignale hinzunehmen.

Die visuelle Kommunikation spielt eine große Rolle. Pferde beobachten ständig ihre Umgebung, ebenso das Mienen- und Ohrenspiel ihrer Artgenossen. Beim Pferd ist die visuelle Kommunikation viel stärker ausgeprägt als beim Menschen, der sich eher verbal mitteilt. Bei der visuellen Mitteilung spielen nicht nur das Mienen- und Ohrenspiel eine Rolle, sondern die gesamte Körperhaltung. Der komplette

*Fohlen stecken
gern ihre Nase
unter den Schweif
anderer Pferde*

Spannungszustand eines Pferdes drückt sich darin aus. Je nach Erregungszustand, zeigt das Pferd eine ganz unterschiedliche körperliche Anspannung. Steigt die Erregung, gehen Kopf und Schweifrübe nach oben, wie zum Beispiel beim Imponiergehabe. Speziell der Araber zeigt dies in einer starken Ausprägung. Die Erregung selbst kann ganz unterschiedliche Ursachen haben, etwa Sexualität, Aggression oder auch Furcht.

Das Pferd ist ein Bewegungs- und Fluchttier. Passiert etwas Interessantes oder Beunruhigendes in der Umgebung, steigt sein Erregungspotential und damit auch die Reaktionsbereitschaft. Fühlen sich die Pferde ruhig und sicher, stehen sie völlig gelöst, mit tief hängendem Kopf und Schweif da.

Pferde haben ein außerordentlich ausgeprägtes Mienenspiel. Selbst die Lippen und das Kinn sind sehr beweglich. Auch hier steigt die Spannung mit dem Erregungszustand. Bei gesteigertem Interesse ist das Kinn angespannt und die Ohren sind interessiert nach vorne gerichtet. Kopf und Augen werden auf das interessante Objekt zu gedreht. Aufmerksame Pferde zeigen ein ausgeprägtes Ohrenspiel. Unsicherheit dagegen wird oftmals durch ein Kopfschütteln und auch durch Schweifschlagen begleitet. Letzteres bedeutet ebenso eine leichte Spannung, Verärgerung oder Frust. Schlägt das Pferd, während wir es reiten, mit dem Schweif, zeugt dies von Widerstand und Unzufriedenheit.

Paint Horse-Stute mit neugeborenem Fohlen

Natürlich wird Schweifschlagen auch für die Abwehr von Fliegen eingesetzt, aber dies wirkt viel ruhiger und gelassener als bei einer Abwehrreaktion.

Ein entspanntes oder auch schläfriges Pferd hält das Auge halb geschlossen, und Nüstern, Kinn sowie Maulpartie sind entspannt. Bei einem interessierten Pferd sind die Augen dagegen weit offen und Kinn- und Maulpartie entsprechend angespannt. Auch die Nüstern machen einen gespannten Eindruck. Bei weiter gesteigertem Interesse wendet das Pferd den Kopf in Richtung des auslösenden Reizes und spitzt die Ohren in die entsprechende Richtung. Die Oberlippe wird immer fester angespannt, je nachdem, wie stark das Pferd an etwas interessiert ist.

Die Maul- und Nüsternpartie des Pferdes ist außerordentlich beweglich. In Erwartung des Futters lassen viele Pferde ihre Unterlippe geradezu fallen. Auch beim Niesen und Schnauben läßt sich gut beobachten, wie weit die Nüsternpartie vom Pferd seitlich bewegt werden kann.

Das Pferd kann die Gefühlswelt des Menschen sehr gut wahrnehmen, denn auch beim Menschen drückt sich sein Gefühlszustand unbewußt in Mimik und Körperhaltung aus. Einem Pferd fällt dies aufgrund seiner Veranlagung leichter zu erkennen als den meisten von uns Menschen. So weiß es ziemlich genau, ob ein Mensch Angst vor ihm hat oder ob er schlecht gelaunt oder unaufmerksam ist. Und je nachdem, wo der Mensch in der Rangordnung des Pferdes plaziert ist, wird es sich dem Menschen gegenüber dementsprechend verhalten. Das geht uns Menschen ja nicht anders. Je nachdem, ob unser Partner gut oder schlecht gelaunt ist, färbt das früher oder später auch auf uns ab. So ist das auch mit dem Partner Pferd. Haben wir Angst vor irgendeinem Hindernis, hat es das Pferd erst recht. Denn wenn schon sein höherstehendes Alphatier vor etwas Angst hat, dann muß es wohl einen Grund dafür geben.

Ein Mensch sollte sich in seinem Leben immer authentisch benehmen, nicht nur seinem Pferd gegenüber. Das heißt, er sollte sich so benehmen, wie er sich wirklich fühlt. Ist man an einem bestimmten Tag besonders schlecht gelaunt, sollte man lieber auf einen Ritt verzichten oder die Arbeit darauf abstimmen, also sich nur leichte Übungen vornehmen. Menschen kann man mit vorgespieltem Verhalten viel leichter betrügen als Tiere. Diese, vor allen Dingen Pferde, haben diesbezüglich eine derartig ausgeprägte Intuition und Beobachtungsgabe, daß man gar nicht erst versuchen sollte, sie zu täuschen. Tiere verhalten sich immer authentisch, sie machen uns nichts vor. Wir müssen uns nur die Mühe geben, ihr Verhalten richtig zu erkennen.

Man kann sich durchaus bewußt der Körpersprache bedienen, um mit einem Pferd zu kommunizieren. Wenn ich zum Beispiel ein Pferd zu mir rufen will, darf ich keinesfalls mit meiner Vorderseite, also frontal, auf das Pferd zugehen, denn sonst müßte es nach seinem Empfinden, da es rangniedriger ist, vor mir zurückweichen. Will ich das Pferd einfangen, also darauf zugehen, um es zum Beispiel aufzuhalftern, dann muß ich mit meiner Schmalseite langsam auf das Pferd zutreten, um es nicht zum Fortlaufen zu animieren.

Auch die Sprache ist nicht unwichtig. Ist es etwa verwunderlich, wenn ein Pferd, das ich anbrülle, wegläuft? Ich als Pferd würde es bei solch einem unangenehmen Zeitgenossen gewiß auch so halten. Wir können uns das normale Sozialverhalten zunutze machen, um uns einfach, aber wirkungsvoll, mit dem Pferd zu verständigen. Mit der Zeit wird der Pferdehalter fast genauso sensibel werden wie sein Pferd. Dies ist natürlich besonders nützlich beim Reiten. Der Reiter verspürt dann minimalste Muskelanspannungen seines Pferdes und kann mit genauso minimalen Anspannungen darauf reagieren, ehe das Tier noch sichtbar irgendeinen Ungehorsam zeigt. Ein Außenstehender wird weder die Reaktion beim Pferd noch beim Menschen sehen können. So macht Reiten erst wirklich Spaß. Dies ergibt eine perfekte Kommunikation zwischen Pferd und Mensch und ein Gefühl von totaler Harmonie.

Freundschaften

Pferde bauen weitreichende Freundschaften untereinander auf, wobei hierbei die Familienbande wieder recht wichtig sind. Aber auch außerhalb dieser Zugehörigkeit kann es innige Freundschaften geben. Die Beziehungen zwischen Pferden sind ähnlich komplex wie zwischen den Menschen. Sie sind durch die jeweilige Ranghöhe des Pferdes bloß etwas eingeschränkt.

Die meisten domestizierten Pferde haben leider nur noch die Gelegenheit, Beziehungen zu Artgenossen aufzubauen, die nicht mit ihnen verwandt sind, da unsere Pferde in der Gefangenschaft nicht mehr in Familiengruppen gehalten werden. Bei Pferden im Herdenverband kann man genau beobachten, welche Tiere mit wem besonders gut befreundet sind. Sie stehen in diesem Fall öfter und näher zusammen als mit anderen, fressen zusammen und beknabbern sich häufig bei ihrer sozialen Fellpflege.

Ein interessantes Phänomen kann man bei der Fohlenaufzucht im Herdenverband erleben. Werden die Fohlen im Alter von vier bis sechs Wochen allmählich selbständiger, halten es die Stuten nicht mehr für unbedingt notwendig, ihre Fohlen ständig nahe bei Fuß zu haben. Meist findet sich dann ein Kinderonkel unter den älteren Wallachen, der die Betreuung der Jungtiere übernimmt. Dieser gutmütige Onkel sorgt sich um die kleinen Fohlen, spielt mit ihnen Spielchen, für die man ihn längst zu alt hält, und erzieht dabei auf spielerische Art die Jugend. Dies schafft eine Freundschaft, die ein ganzes Leben lang anhalten kann und meist enger wird als die Verbindung zur eigenen Mutter.

Ein Kinderonkel zum Toben für den Junghengst

In einer Familien- gruppe fühlt sich der Nach- wuchs wohl

In der Natur wachsen weder Fohlen noch Jungtiere unter sich auf, wie es oftmals bei den in Gefangenschaft gehaltenen Pferden der Fall ist. Wachsen die meist schon viel zu früh abgesetzten Fohlen in Stuten- und Hengstkoppeln auf, so werden sie zu ungemein ungezogenen Jungtieren. In der freien Natur wächst ein Jungtier immer innerhalb einer Familiengruppe auf, in der es zwar im allgemeinen Halbgeschwister gleichen Alters gibt, mit denen es toben kann, aber auch jede Menge erwachsener Pferde, die den Halbwüchsigen sehr deutlich deren Grenzen aufzeigen.

Pferde, die in ihrer Jugend in einer altersmäßig gemischten Gruppe aufgewachsen sind, zeigen ein völlig normales Sozialverhalten. Sie benehmen sich anderen Pferden gegenüber absolut korrekt, so wie sie auch schnell lernen, den Menschen als ranghöher stehend zu akzeptieren. Andererseits sind sie in der Lage, enge Freundschaften zum Menschen aufzubauen.

Aggression

Werden Pferde nicht artgerecht gehalten, sieht man deren Sozialverhalten entweder nur noch als Dominanzverhalten oder als Aggressivität, bestenfalls als verschieden geartete Freundlichkeit. Die Ursache liegt hierbei in einer gestörten Beziehung untereinander.

Kommt ein Pferd aus jahrelanger Boxenhaltung, ist ein Teil des sonst funktionsfähigen Sozialverhaltens nicht mehr vorhanden. Es wird sich anderen Artgenossen entweder ängstlicher oder aggressiver nähern, als dies normalerweise der Fall wäre. Die normalen Mechanismen der Verständigung untereinander funktionieren nicht mehr einwandfrei. Innerhalb einer Gruppe lernen solche Pferde jedoch sehr schnell wieder dazu.

Gliedert man das Pferd in eine ihm neue Gruppe ein, sollte allerdings kein Tier Hufeisen tragen, damit es bei Mißverständnissen zu keinen Verletzungen kommt. Normalerweise ist es äußerst selten, daß ein Pferd ein anderes verprügelt. Es wird vielmehr nur gedroht, um das andere Pferd in dem ihm zustehenden Abstand zu halten. Das betreffende Tier versteht das sehr wohl, und falls es sich trotzdem nähert, dann mit Bedacht darauf, daß es schnell genug ausweichen kann, wenn das andere Pferd seine Drohung deutlicher macht. Dies setzt natürlich immer genügend Platz zum Ausweichen voraus.

Am deutlichsten ausgeprägt und erkennbar ist die Aggressivität zwischen Pferden bei **Rivalenkämpfen**. Diese verlaufen stark ritualisiert. Ehe es zum Kampf kommt, stellen sich die Hengste einander gegenüber auf. Ihre gegenseitige Imponierhaltung drückt sich durch den stark gewölbten Hals, den angehobenen Schweif und die insgesamt äußerst stark angespannte Haltung aus. Danach versuchen sie, sich gegenseitig in der Bewegung zu imponieren, meist im Trab mit hoher Knieaktion, genannt Imponiertrab. Anschließend beginnen sie sich vorsichtig zu beschnuppern, wobei sie schrill wiehern und mit den Vorderbeinen ausschlagen. All dies gehört noch zum Imponiergehabe, und wenn sich ein Hengst unterlegen fühlt, hat er jetzt noch die Möglichkeit, sich zurückzuziehen.

Wenn der eigentliche Kampf beginnt, bedrohen sich die Hengste gegenseitig mit tiefem Kopf und angelegten Ohren und umkreisen sich dabei ständig. Sie erheben sich auf die Hinterbeine und schlagen mit den Vorderbeinen, wobei sie durchaus versuchen, den Gegner zu treffen. Zum Teil umfassen sie sich dabei mit den Vorderbeinen und beißen sich gegenseitig in den Hals. Auch wenn sie nicht steigen, versuchen sie, sich gegenseitig in den Hals, Schulter, Vorderbeine oder in die Brust zu beißen. Flüchtet der Rivale, versucht der andere ihn in die Hinterbeine zu zwicken. Beim Kampf lassen sich die Hengste auch auf die Vorderfußwurzelgelenke nieder und schlagen mit dem Hals, wobei sie versuchen, sich gegenseitig zu beißen. Oder sie drehen sich schnell um und schlagen nach hinten aus, um den Gegner zu treffen. Der Verlierer versucht sich durch Flucht zu entziehen, wobei er nach hinten ausschlägt, um den Bissen seines Rivalen zu entgehen.

Dies sind die typischen fortpflanzungsbedingten Rivalenkämpfe, wie sie in der Hauptsache zwischen frei lebenden Hengsten bei der Verteidigung ihrer Stutenherde vorkommen. Die umherstreunenden Junghengste testen auf diese Weise untereinander auch spielerisch ihren Mut und ihre Stärke.

Neben diesen ernsthaften Kämpfen gibt es eine Menge abgeschwächter Aggression, die sich vor allen Dingen in den **Rangordnungskämpfen** ausdrückt. Diese aggressiven Auseinandersetzungen gehen vom leichten Drohen mit angelegten Ohren bis hin zum Beißen und Ausschlagen mit der Hinterhand. Meist wird nur gedroht. Wird aber wirklich ernsthaft gekämpft, was sehr selten vorkommt, können daraus leicht schwerwiegende Verletzungen resultieren.

Innerhalb einer Gruppe mit geklärter Rangordnung reicht es meist aus, wenn ein ranghohes Tier ein rangniederes mit angelegten Ohren bedroht. Daraufhin weicht das rangniedere Pferd aus. Sollte dies nicht genügen, wird zuerst nur mit einem möglichen Beißen oder Schlagen gedroht. Die Beißdrohung richtet sich vorwiegend gegen den Hals des anderen Pferdes. Dabei werden die Lippen von den Schneidezähnen gezogen und mit den gebleckten Zähnen geschlagen, nicht gebissen.

Bei der Schlagdrohung mit den Hufen setzt das Pferd zum Ausschlagen an, indem es ein Hinterbein hebt und zum Ausschlagen ansetzt oder nur hoch hüpft, die Beine dabei aber unter dem Bauch läßt. Nur wenn diese Drohungen nicht den gewünschten Erfolg zeigen, wird ernsthaft gebissen oder geschlagen. Davor wird das andere Pferd zum Teil einfach nur angerempelt, um es zum Beispiel von dem geliebten Futter- oder Wasserplatz zu vertreiben.

Zu neuen Kämpfen bezüglich der Rangordnung kommt es im allgemeinen nur, wenn neue Herdenmitglieder aufgenommen werden sollen, oder wenn die Jungstuten erwachsen werden und in der Rangordnung aufsteigen. Dann versuchen sie mit älteren Stuten um einen höheren Platz zu kämpfen. Allerdings wird dies normalerweise nur mit Drohkämpfen ausgefochten.

Bei der **Unterwerfungsgebärde des Jungpferdes** wird der Hals vorgestreckt, die Maulwinkel hochgezogen, das Mäulchen geöffnet und geschlossen, zum Teil mit angedeuteten Kaubewegungen. Selbst Hengste erkennen dies eindeutig als Unterlegenheitsgeste an und reagieren statt mit Kampf nur mit leichten Drohungen.

Es ist durchaus möglich, Hengste, die daran gewöhnt sind, ohne Streitigkeiten zusammen auf die Koppel zu stellen. In diesem Fall auch zusammen mit Wallachen, die für den Hengst ja einfach männliche Tiere sind. Kommen allerdings Stuten hinzu, oder sind sie auch nur auf der Nachbarkoppel, aber in Riechweite, wird es mit Sicherheit böses Blut geben, und dann kann es zu heftigen Hengstkämpfen kommen.

Ähnlich vorsichtig muß man auch mit Reithengsten sein. Gut erzogene Exemplare wissen, daß sie, wenn sie unter dem Sattel sind, sich nicht um andere Pferde zu kümmern haben, auch und gerade nicht um Stuten. Und dennoch passiert es auch bei sehr gut erzogenen Hengsten, daß ein Hengst auf einem Ausritt überraschenderweise wie mit einem Schlangenhals versucht, zum daneben laufenden Wallach hinüberzubeißen.

Dies alles sollte man bei der Entscheidung beachten, ob man wirklich einen Hengst als Hengst behalten will, der nicht zur Zucht eingesetzt werden soll. Es gibt bei uns nur sehr wenige artgerecht gehaltene Hengste. Ist es schon nicht einfach, Stuten und Wallache artgerecht unterzubringen, so ist es fast unmöglich, einen Hengst artgerecht zu halten. Glücklich können schon jene Hengste sein, die zumindest jeden Tag alleine im Auslauf auf einer Hengstkoppel stehen. Aber artgerecht ist auch dies nicht. Die einzige artgerechte Haltung für einen Hengst ist die eigene Stutenherde.

Viele Menschen meinen, mit einem Hengst ihr Selbstbewußtsein aufpolieren zu können, wie dies auch mit der Haltung von Kampfhunden versucht wird. Man stößt immer wieder auf Unverständnis, wenn man einen vielleicht sogar noch bildhübschen Hengst mit sehr

Gespannte Aufmerksamkeit

guter Abstammung kastrieren lassen will. Ich fasse meine Meinung dazu immer kurz in folgendem Kommentar zusammen: „Lieber ein glücklicher, artgerecht gehaltener Wallach als ein unglücklicher, aber schöner Hengst."

UMGANGSTON

Ich möchte, daß das Pferd mein Partner ist. Ich will das Pferd nicht dazu zwingen, etwas zu tun. Es soll mir vertrauen, und ich möchte auch ihm vertrauen können. Um zu diesem Ziel zu kommen, muß ich das Pferd selbständig etwas tun lassen und ihm vertrauen. Ich sollte ihm verständlich machen, warum ich bestimmte Dinge von ihm verlange. Ich möchte keinen Kampf provozieren, sondern ein Miteinander schaffen, um eine tragfähige Partnerschaft zu erzielen. Kommt es dennoch zu einem Problem, liegt dies meist in Kommunikationsschwierigkeiten begründet. Der Fehler liegt sicherlich nicht beim Pferd, sondern bei einem selbst, weil man sich diesem gegenüber nicht richtig verständlich gemacht hat.

Um vom Pferd verstanden zu werden, muß man einige wesentliche Grundstrukturen erkennen und anwenden. Die wichtigste beinhaltet, daß ein rangniederes Pferd nie ein ranghohes überholen darf. Letzteres wird seine Position mit einem drohend nach hinten gerichteten Zähneblecken und Ohrenanlegen oder sogar einem gezielten Huftritt verteidigen. Das rangniedere Tier läuft entweder direkt hinter dem ranghohen oder aber, schräg versetzt, mit seinem Kopf maximal in Höhe der Schulter des Vorderpferdes. Auch in Gefahrensituationen läuft das rangniedere Pferd dem ranghohen hinterher, da das erstere gleichzeitig eine Schutzfunktion ausübt. Dies ist innerhalb der Herde besonders wichtig, damit der Herdenverband auch und gerade in einer Gefahrensituation gewährleistet bleibt. Das ranghöchste Pferd gibt hierbei die Fluchtrichtung an.

Obwohl das rangniedere Tier das ranghohe nicht überholen darf, kann letzteres jederzeit ein anderes von hinten oder von der Seite her in jede beliebige Richtung treiben. Dies ist ein typisches Verhalten des Leithengstes, der damit seine Herde zusammenhält und auf der anderen Seite zum Beispiel Jungtiere diszipliniert. Leitstute und Leithengst sind innerhalb der Herde ungefähr gleichrangig. Die Leitstute bestimmt, wann und wo gefressen und geruht wird. Sie geht zumeist der Herde voran, während der Leithengst die Rückendeckung gewährleistet und die Herde zur Verteidigung umrundet.

Beherrscht man diese Grundprinzipien des Umgangstons, vereinfacht dies die Beziehung zum Pferd enorm. Es wird sich beim Führen ordentlich neben uns halten, uns weder anrempeln noch umrennen und uns respektvoll und voller Vertrauen begegnen. Auch in schwierigen Situationen wird das Pferd nicht kehrtmachen, sondern Ihnen voll Vertrauen hinterherlaufen, weil es Ihnen als ranghöherem Tier vertraut.

SIGNALE

Wir trainieren ein Pferd, um es unter Kontrolle zu haben. Ziel ist es, das Pferd in jeder Situation zu hundert Prozent beherrschen zu können. Das Pferd ist ein Tier mit antrainierbaren, bedingten Reflexen. Indem wir auf eine von uns gesetzte Aktion immer wieder die gleiche Antwort erwarten, kommt es beim Pferd zu einem bedingten Reflex. So wird diese Bedingung für das Pferd zu einem Signal für eine bestimmte Reaktion. Setzen wir das Signal, wird die Reaktion des Pferdes in jeder Situation kommen, gleichgültig, wie die äußeren Umstände sind. Für ein Pferd gibt es kein richtig oder falsch, es wertet nicht. Der Mensch kann ihm somit gute wie schlechte Eigenarten antrainieren.

Falls die gewünschte Reaktion während des Trainings einmal ausbleiben sollte, ist sie auf das bewußte Signal beim Pferd noch nicht tief genug verankert, und wir müssen mit unserem Training zu einem Punkt zurückkehren, an dem es in gewünschter Weise auf unsere Signale reagiert. Setzen Sie sich realistische Ziele, und unterteilen Sie diese in kleine Schritte. Falls Probleme auftauchen, kehren Sie an einen Punkt in Ihrem Training zurück, an dem Sie die Kontrolle über Ihr Pferd haben, und bauen Sie auf dieser Ebene wieder auf. Prinzipiell kann jedes Pferd alle Lektionen, die wir von ihm fordern. Wir

bringen ihm nur bei, diese auf ein Signal von uns hin auszuüben. Denken Sie daran, Ihre Trainingseinheit immer mit einem Erfolgserlebnis abzuschließen, das ist für Ihr Pferd mindestens genauso wichtig wie für Sie selbst.

AUFHALFTERN

Bereits einige Tage nach der Geburt sollten wir dem Fohlen für kurze Zeit ein Halfter umlegen. Wir benutzen dazu am besten eines, das rasch zu öffnen und zu schließen ist. Da wir das Fohlen von Anfang an bei jeder sich bietenden Gelegenheit berührt haben, wird es nicht scheu sein und sich vor unseren Berührungen nicht fürchten. Die meisten Fohlen reagieren allerdings ungehalten, wenn man versucht, sie am Kopf festzuhalten. Um das Fohlen ruhig zu halten, können wir es am Hals oder auch an den Hinterbeinen kraulen, das veranlaßt es, ruhig stehenzubleiben. Wir zeigen ihm das Halfter und lassen es daran schnuppern, bis es keine Angst mehr davor hat. Dann halten wir das Halfter geöffnet in einer Hand, während wir mit der anderen über den Hals greifen und dem Fohlen zügig, aber nicht hastig, das Halfter über den Kopf ziehen und es verschließen. Anschließend lassen wir das Tier frei im Auslauf laufen. Es wird sich schütteln und mehr oder weniger wild umherlaufen, sich aber schnell beruhigen, da auch die Stute ruhig stehenbleiben wird und keine Anzeichen von Gefahr bemerkt. Nach einer Viertelstunde nehmen wir dem Fohlen das Halfter genauso ruhig wieder ab. Dies üben wir ein paarmal die Woche, und schon bald wird es keine Schwierigkeiten mehr machen, dem Fohlen das Halfter über den Kopf zu streifen.

Wenn Sie dem Fohlen zum erstenmal ein Halfter anlegen, dann achten Sie darauf, wirklich keine hastigen Bewegungen zu machen. Versuchen Sie auch nicht, das Pferd schnell zu packen. Das Tier sollte völlig entspannt sein, wenn wir ihm das Halfter überziehen, damit es mit diesem Vorgang keine unangenehme Situation verbindet; auch wenn sich dies über eine Viertel- oder halbe Stunde hinziehen sollte, ist es wichtig, ruhig und gelassen zu bleiben.

*Ein Fohlen sollte so schnell wie mög-
lich an ein Halfter gewöhnt werden*

*Nehmen Sie sich viel Zeit und
Geduld fürs erste Aufhalftern*

Trägt das Fohlen ein Halfter, sollten wir uns immer in Sichtweite befinden. Kratzt es sich mit einem Hinterbein am Kopf oder bleibt mit
dem Halfter woanders hängen, reagiert es rasch panisch und kann
sich ernsthaft verletzen.

PUTZEN

Während der normalen Tätigkeit im Stall werden wir das Fohlen immer wieder berühren, es kraulen und völlig normal mit ihm umgehen
wie mit einem großen Pferd. Auch ihm den besagten Klaps auf die
Nase geben, wenn es zu frech wird. Genauso einfach fangen wir an,

es zwischendurch zu putzen. Putzen wir die Stute, bekommt auch das daneben stehende Fohlen immer wieder ein paar Striche ab. Läßt es sich ermöglichen, auch an den Beinen und am Bauch. So weiß es von Anfang an, daß dies ganz normale Tätigkeiten sind.

HUFE GEBEN

Genauso wie beim Putzen, gehen wir her und bringen dem Fohlen bei, die Hufe zu heben. Es ist ein leichtes, einem Fohlen, das sich auch an den Beinen berühren läßt, zwischendurch ein Bein hochzuheben, ohne daß es angebunden ist und ohne daß es deswegen lange stehenbleiben muß. Es geht nur um den Vorgang, kurz das Bein zu heben und eventuell leicht auf die Hufsohle zu klopfen. Merken wir, daß das Fohlen unruhig wird, lassen wir das Bein sofort wieder los. Wir sollten auch nicht alle vier Beine hintereinander hochheben wollen. Ein Bein, unter Umständen auch noch ein weiteres, aber das reicht. So wird das Fohlen spielerisch erzogen. Diese Vorübungen können wir zwischendurch immer wieder machen, ohne daß das Tier dabei angebunden ist.

Zu einem späteren Zeitpunkt versuchen wir diese Übung zu perfektionieren, da unter Umständen auch schon im Fohlenalter eine leichte Korrektur des Hufes notwendig sein kann. Wir fangen an, das Pferd an der Schulter zu reiben, und arbeiten uns dann langsam am Vorderbein herunter. Dazwischen kraulen wir das Pferd und loben es, wenn es ruhig stehenbleibt. Können wir auch den Huf berühren, ohne daß das Tier unruhig wird, bringen wir es dazu, sein Gewicht auf das andere Vorderbein zu verlagern, indem wir uns mit unserer Schulter an seine Schulter lehnen und etwas dagegen drücken. Wenn wir merken, daß es nachgibt und das Gewicht auf die andere Seite nimmt, hören wir sofort mit dem Druck auf, denn andernfalls wird es Gegendruck aufbauen und sich bei uns anlehnen. Gelingt uns dies, dann heben wir den Huf kurz an, halten inne und setzen ihn wieder ruhig auf dem Boden ab. Dann heben wir den Huf erneut an und ver-

Ein Fohlen läßt sich spielerisch erziehen, wenn man es richtig macht

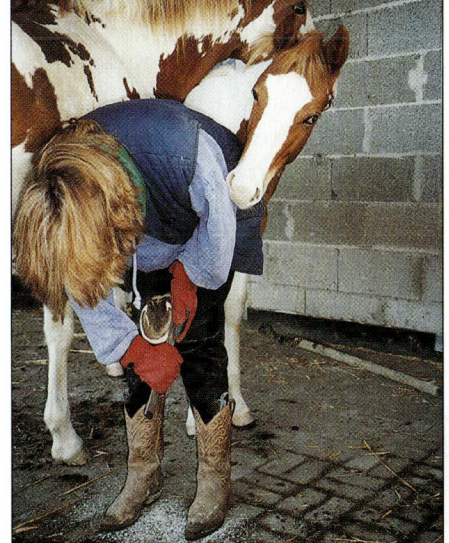

Das Fohlen kann von Anfang an bei allen Aktivitäten dabei sein

Auch beim Jungpferd müssen regelmäßig die Hufe gepflegt werden

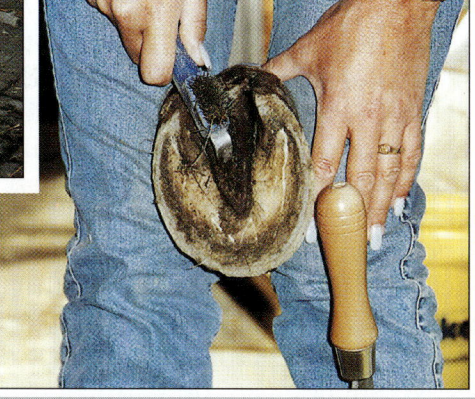

suchen ihn etwas länger in der Luft zu halten. Bemerken wir, daß das Pferd unruhig wird, stellen wir den Huf rechtzeitig ruhig auf den Boden, ehe das Pferd uns dazu zwingt, dies zu tun. Gelingt uns das, nehmen wir einen Hufkratzer zur Hand und versuchen vorsichtig, den Huf zu säubern. Dabei können wir auch leicht gegen die Sohle klopfen, um das Fohlen an Arbeiten am Huf zu gewöhnen.

Gelingen diese Übungen an den Vorderhufen, machen wir uns daran, auch die Hinterhufe ordnungsgemäß zu heben. Dazu stellen wir uns nahe ans Pferd, ungefähr in Körpermitte, das heißt so weit wie möglich nach vorne, aber so, daß wir mit einer Hand noch an die Hinterhand heranreichen können. Die meisten Fohlen reagieren an der Hinterhand recht kitzlig, und selbst wenn wir zu einem früheren Zeitpunkt den Hinterhuf schon heben konnten, wird es im Fohlenalter immer wieder dazu kommen, daß das Pferd dabei versucht, hinten auszuschlagen. Wir starten an der Hüfte und berühren das Pferd nicht zu zaghaft. Reagiert es sehr kitzlig, können wir auch eine Gerte zu Hilfe nehmen, mit der wir die Hinterhand an allen Stellen berühren, bis es ruhig stehenbleibt. Danach berühren wir es mit der Hand an allen Stellen des Beines, bis es ruhig und gelassen stehenbleibt. Bestrafen Sie das Pferd nicht, wenn es unruhig ist oder nach Ihnen schlagen sollte, sondern haben Sie genügend Geduld, bis das Tier von alleine stehenbleibt. Es darf diese Situation keinesfalls mit einem negativen Erlebnis in Verbindung bringen.

Um das Hinterbein anheben zu können, versuchen Sie, das Pferd etwas zurücktreten zu lassen, so daß das Hinterbein auf Ihrer Seite möglichst nahe am gleichseitigen Vorderbein steht. Nehmen wir an, Sie versuchen, das linke Hinterbein des Fohlens zu heben. Sie können dazu den Führstrick des Pferdes in der linken Hand halten, um es leicht korrigieren zu können, falls es unruhig wird. Zur Beruhigung können Sie auch mit der linken Hand in seine Mähne greifen. Mit der rechten Hand fahren Sie an der Innenseite des Pferdebeines nach unten, greifen nach dem linken Hinterhuf, der in der oben beschriebenen Position stehen sollte, und versuchen, diesen leicht anzuheben. Ein kurzer Moment genügt, dann setzen Sie ihn wieder ab. Sie stehen dabei so nahe und so weit vorne beim Pferd, daß Ihnen nichts passieren kann, auch wenn das Pferd ausschlagen sollte. Danach versuchen Sie, den Huf über immer längere Zeitspannen vom

Boden weg unter den Bauch des Pferdes halten zu können. Erst wenn dieses auf beiden Seiten gelingt, gehen Sie zum nächsten Schritt über. Dazu fahren Sie, wie beim erwachsenen Pferd, mit der Hand am Pferdebein hinunter bis über das Sprunggelenk hinaus und versuchen, den Huf mit der Hand am Röhrbein anzuheben und wieder abzustellen. So arbeiten Sie sich immer weiter hinunter, bis Sie den Huf am Ballen aufnehmen können. Dann können Sie den linken Hinterhuf mit der rechten Hand einige Zentimeter nach außen bewegen. Dabei krault die linke Hand das Fohlen am Rücken, um es zu entspannen. Bleiben Sie immer so nah wie möglich an der Seite des Pferdes. Gelingt dies ohne Probleme, können Sie damit anfangen, den linken Hinterhuf mit der linken Hand aufzunehmen. Die Rechte hält dann den Hufkratzer und kann vorsichtig den Huf säubern und damit leicht auf die Sohle klopfen.

Der Zeitaufwand hierfür ist bei jedem Pferd unterschiedlich. Manch ein Fohlen bleibt von Anfang an ruhig stehen und gibt binnen weniger Tage problemlos seine Füße, ein anderes braucht Wochen, um auf drei Beinen stehen zu können. Sinnvoll ist es immer, am Anfang die Stute daneben zu stellen, um das Fohlen zu beruhigen. Wundern Sie sich nicht, wenn ein Fohlen, das im Alter von wenigen Monaten seine Hufe problemlos gegeben hat, dies trotz regelmäßigen Übens auf einmal im Alter von 6–9 Monaten wieder vergißt. Fast jedes Jungpferd hat eine Phase, in der es dann wochenlang vorgibt, nicht auf drei Beinen stehen zu können, und sich im Zweifelsfall sogar auf den Boden fallen läßt. Haben Sie Geduld mit dem Halbwüchsigen, und beginnen Sie die Übungen wieder von neuem.

AUSSACKEN

Eine weitere gute Übung ist es, das Fohlen auszusacken. Der Begriff „Aussacken" stammt aus der Cowboyarbeit. Man nahm einen Getreidesack und rieb das Pferd damit ab, um es an Berührungen zu gewöhnen. Danach schlug man leicht mit dem Sack über den ganzen Körper des Pferdes.

Auch beim Aussacken beruhigt die Anwesenheit der Mutter

Auch heutzutage ist dies immer noch eine gute Möglichkeit, das Fohlen daran zu gewöhnen, verschiedene Dinge auf seinem Körper zu fühlen, ohne daß es sich davor fürchtet. Man macht dies am besten in Anwesenheit der Stute, die das Aussacken natürlich auch selbst kennen muß. Ich gehe davon aus, daß sich das Fohlen mit den Händen am ganzen Körper berühren läßt. Erst dann nimmt man einen Gegenstand, zum Beispiel eine Jacke, Weste, oder was wir gerade griffbereit haben, und berühren das Fohlen damit am ganzen Körper. Wir gehen dabei sehr langsam und ruhig vor, damit sich das Fohlen nicht zu sehr aufregt. Die Stute sollte dies kennen und wird sich nicht weiter beunruhigen. So können wir, wenn das Fohlen neben ihr steht, immer wieder mit der Weste auch über das Fohlen hinweggleiten. Es wird erschrecken und weglaufen, aber bald wieder bei der Mutter Schutz suchen. Auf diese Weise wird es nicht lange dauern, bis sich auch das Fohlen am ganzen Körper mit einem ihm fremden Gegenstand berühren läßt. Dies können wir mit den unterschiedlichsten Gegenständen machen, zum Beispiel mit einer Plastiktüte.

Zu einem späteren Zeitpunkt werden wir das gleiche bei unserem halbwüchsigen Jungpferd machen, das dann sicherlich keine Angst mehr haben wird. Am Anfang, in Anwesenheit der Stute, ist es besser, wenn sich das Fohlen durch Flucht entziehen kann. Es wird aus lauter Neugier immer wieder von selbst zurückkommen.

Das Fohlen merkt,
daß ihm keine
Gefahr droht

Sie können solche Übungen in den ganz normalen Tagesablauf mit aufnehmen. Befindet sich das Pferd im Auslauf und Sie sind gerade dabei, diesen zu säubern, gehen Sie ruhig auf das Pferd zu und berühren Sie es zum Beispiel mit Ihrer Weste, die Sie ausziehen. Dann arbeiten Sie ruhig weiter. Dies läßt sich zigmal am Tag wiederholen, bis das Pferd ruhig stehenbleibt, wenn Sie kommen. Loben Sie Ihr Pferd dafür immer gebührend. Dann holen Sie sich eine Satteldecke

Sichthilfe

und üben das gleiche mit ihr. Es wird nicht lange dauern, und das Jungpferd bleibt stehen, wenn Sie darauf zugehen, und läßt sich mit allen Gegenständen berühren, ohne Angst zu bekommen.

Zu einem späteren Zeitpunkt halftern wir unser Jungpferd auf und befestigen einen langen Führstrick am Halfter, um dieselben Aussackübungen zu praktizieren. Dies gibt uns die Gelegenheit, das Pferd für den Fall, daß es erschrecken sollte, ein paar Meter fort zu lassen, aber es immer noch in unserem Einwirkungsbereich zu halten. Beruhigen Sie das Tier, indem Sie es streicheln und loben. Es wird schnell feststellen, daß ihm durch die Berührung keine Gefahr droht.

AKUSTISCHE HILFEN

Pferde gewöhnen sich recht rasch an akustische Kommandos. Voraussetzung dazu ist natürlich, daß wir diese mit großer Konsequenz verwenden. Es müssen klar verständliche Worte sein, die ebenso deutlich artikuliert werden müssen. Wir sollten darauf achten, daß sich die Vokale der Kommandos nicht allzusehr ähneln, um unbeabsichtigte Verwechslungen auszuschließen. Natürlich sollte man seine Stimmkommandos nicht in einem Redeschwall verstecken, dem das Pferd nur gelangweilt zuhören wird. Die Lautstärke dieser Kommandos läßt sich mit der Zeit sehr verfeinern. Das Pferd hat ein sehr gutes Gehör, und wenn es aufmerksam genug ist, hört es durchaus auf geflüsterte Kommandos. Es gibt ein harmonischeres Bild ab, wenn das Pferd auf leichte Signale hin folgt, als wenn wir es lautstark anbrüllen müssen.

Weiche Vokale, mit tiefer Tonlage gesprochen, beruhigen ein Pferd, während kurze, hart gesprochene Vokale mit höherer Stimmlage das Pferd aufwecken bis hin zum Erschrecken. Ein typisches Signal ist auch das Zungenschnalzen, das fast jedes Pferd dazu veranlaßt, schneller zu werden. Diese Stimmhilfen können eine große Unterstützung beim Umgang mit dem Pferd sein.

SICHTHILFEN

Die Sichthilfen werden bei der Bodenarbeit angewendet. Richtige basieren auf der entsprechenden Anwendung des Sozialverhaltens der Pferde untereinander. Nehme ich meinen Arm hoch und gehe auf das Pferd zu, wird es stehenbleiben beziehungsweise ausweichen und rückwärtsgehen. Pferde lassen sich leicht auf die Hand des Menschen fixieren. Sie folgen ihr auf ein Fingerschnippen hin und führen Befehle auf ein Zeichen der Fingerspitzen hin aus.

Versuchen Sie, die Intensität der Signale und auch die Hilfsmittel mit der Zeit zu reduzieren. Aus Sicherheitsgründen sollte man überdies auf Distanz arbeiten können und dem Pferd nicht allzu nahe kommen müssen, um eine Reaktion zu erhalten. Das setzt voraus, daß das Pferd immer aufmerksamer auf die Körpersprache des Menschen reagiert. Die meisten Pferde tun dies nicht von Anfang an. Deswegen muß man anfangs mit extrem deutlichen Gesten beginnen, damit das Pferd überhaupt eine Reaktion zeigt. Wenn Sie zum Beispiel mit hoch erhobenen Armen vor dem Pferdekopf hin und her wedeln, dann imitieren Sie das Steigen eines ranghöheren Pferdes. Dadurch wird das Jungpferd zum Ausweichen nach hinten aufgefordert. Man kann dazu auch noch verstärkend in die Hände klatschen. Reagiert das Pferd wie gewünscht, wird man diese übertriebene Hilfegebung wieder abbauen. Das heißt, zuerst sollte man immer eine leichte, abgeschwächte Hilfe geben, reagiert das Pferd nicht, kommt sofort eine stärkere Hilfe, folgt noch immer keine Reaktion, setzen wir umgehend eine übertriebene Hilfegebung ein. So wird das Pferd daran gewöhnt, immer schneller und leichter auf unsere Hilfen zu reagieren. Im oben angeführten Fall heißt das, daß wir nur noch hochaufgerichtet auf das Pferd zugehen, und es wird uns automatisch ausweichen.

KEINE ANGST

Das Pferd ist ein Fluchttier. Erschrickt es, wird es versuchen davonzulaufen. Dabei wird es immer seinem Leittier hinterherrennen. Dies

Gewöhnen Sie Ihr Jungpferd auf spielerische Art an eine Plastikplane

Dieses Pferd hat vor nichts mehr Angst

An der Hand kann man das Pferd auf viele Situationen vorbereiten, die es im Gelände erleben wird

liegt in der Natur des Pferdes, und es hat wenig Zweck, ihm beibringen zu wollen, keine Angst zu haben. Wir können es aber dazu bringen, kontrolliert mit seiner Angst umzugehen.

Bekommt ein Pferd in einer Situation Angst, dann verhalten Sie sich ruhig und sicher und drehen sich mit Ihrem Pferd in Richtung Störquelle. Das heißt, Sie drehen sich und lassen das Pferd zuschauen, was auf es zukommt. Ist die Rangordnung zwischen Ihnen geklärt und sind Sie eindeutig ranghöher als das Pferd, wird ihm nichts anderes übrigbleiben, als zumindest neben Ihnen stehenzubleiben. Am Anfang wird es seine Hufe fest in den Boden „schrauben," aber mit der Zeit wird es Ihnen so vertrauen, daß es Ihnen ruhig überallhin folgen wird.

Am einfachsten läßt sich die Angstüberwindung im eigenen Stall üben. Wir können zum Beispiel eine große Plastikplane in den Auslauf legen. Pferde, die diesen Anblick gewohnt sind, werden ohne weiteres darüber hinweglaufen, und das Fohlen wird bald hinterherlaufen. Je mehr das Fohlen in Anwesenheit von erwachsenen Pferden kennenlernt

Richtig eingeschnallte
Führkette von links

Richtig eingeschnallte
Führkette von rechts

und sieht, daß sich seine erwachsenen Artgenossen nicht fürchten, desto weniger Schwierigkeiten werden wir später im Umgang und beim Reiten mit dem Pferd haben. So kann man spielerisch und ohne Zwang viele Schwierigkeiten umgehen, die sonst leicht auftreten würden.

Mit dem Jungpferd können wir am besten auf einem nicht zu großen, umzäumten Platz üben. Er darf allerdings nicht so groß sein, daß sich das Pferd, wenn es flüchtet, Ihrem Einflußbereich entziehen kann. Sie müssen jederzeit die Bewegungsrichtung des Tieres kontrollieren können. Wir benutzen am Anfang etwas, wovor das Pferd wenig Angst hat, nehmen wir an, ein kleines Stückchen knisterndes Plastik. Machen Sie ein leises Geräusch damit! Wahrscheinlich wird das Pferd davonlaufen. Hören Sie dann damit auf, wenden Sie sich vom Pferd ab, und verhalten Sie sich ruhig! Beobachten Sie das Pferd aus den Augenwinkeln heraus! Wenn es sich beruhigt, dann loben Sie es! Bleibt es stehen, dann gehen Sie langsam zu ihm hin und streicheln es. Entfernen Sie sich wieder vom Pferd, und machen Sie erneut ein knisterndes Geräusch. Das Tier wird sich diesmal nicht ganz so hektisch in Bewegung setzen. Macht es nur ein paar unruhige Schritte vorwärts, dann loben Sie es rasch. Wahrscheinlich bleibt es jetzt stehen. Gehen Sie wieder zu ihm hin und streicheln Sie es. Langsam steigern Sie die Intensität und die Dauer des Geräusches. Das Pferd lernt so seine Angst zu kontrollieren und wird feststellen, daß von Ihnen niemals etwas Bedrohliches ausgeht. Sie können alles Mögliche dazu benutzen, um Ihr Pferd zu erschrecken. Irgendwann wird es völlig egal sein, was Sie in der Hand halten und welche Geräusche Sie damit machen, Ihr Pferd wird einfach ruhig stehenbleiben.

HALFTERFÜHRIGKEIT

Führen wir die Stute auf die Weide oder reiten wir sie auf dem Reitplatz, können wir das Fohlen am Anfang frei mitlaufen lassen. Es wird neben der Stute herlaufen. Dies können wir ausnutzen, indem wir dem Fohlen spielerisch Halfterführigkeit beibringen. Dies macht man am besten zu zweit. Einer führt die Stute, und der andere hält das Fohlen am Halfter und an einem langen Führstrick. Baut man einen leichten Druck am Führstrick auf, wird das Fohlen nach hinten dagegen ziehen. Wir halten diesen leichten Druck aufrecht und lassen die Stute ein paar Schritte nach vorne treten. In dem Moment, in dem das Fohlen auch nur etwas nachgibt und Anstalten macht mitzulaufen, geben wir sofort mit dem Strick nach. Will es uns überholen, bekommt es einen Klaps auf die Nase. Nach kurzer Zeit wird es ruhig mitlaufen.

Wir können das Fohlen dabei auch schon an Stimmkommandos gewöhnen (zum Beispiel „komm" oder „Halt"). Dies erleichtert es ihm, uns zu verstehen. Im Alter von 3 Monaten können wir diese Übungen auch ohne Mutter machen, allerdings sollte sie sich auf jeden Fall in Sichtweite befinden.

Um das Fohlen auf ein weitergehendes Führtraining vorzubereiten, dient folgende Übung:

Das Fohlen trägt wieder ein Halfter und einen langen Führstrick. Wir stellen uns seitlich neben das Tier, mindestens 2 Meter entfernt, das heißt etwa in Höhe seiner Körpermitte. Nun bauen wir langsam einen Druck am Seil auf und fordern das Fohlen damit auf, seinen Hals in diese Richtung zu biegen. Gibt es dem Druck nach, loben wir es sofort, indem wir den Druck weglassen und freundlich auf das Tier einreden. Selbst ein leichtes Nachgeben reicht am Anfang aus. Denken Sie daran, diese Übung in beide Richtungen auszuführen, damit das Fohlen lernt, dem Druck nach beiden Seiten gleichmäßig nachzugeben.

Dann verstärken wir den Zug des Seiles, damit das Fohlen den Hals noch weiter biegen muß. Wir können dies so lange fortführen, bis das Tier bereit ist, nicht nur Kopf und Hals in unsere Richtung zu drehen, sondern auch beginnt, seine Beine zu bewegen, um sich zu uns umzuwenden. Damit nimmt es den Druck von seinem Hals weg. Will das Fohlen in die andere Richtung flüchten, handhaben wir das Seil wie ein langes Gummiband, um es nicht zu erschrecken. Dann beginnen wir mit der Übung von vorne. Hat das Fohlen gelernt, auf den seitlichen Druck nachzugeben, ist es wesentlich einfacher, ihm dies zuverlässig für eine Vorwärtsbewegung beizubringen. So beginnen wir mit dem Fohlen im Kreis zu laufen. Dabei versuchen wir immer, so wenig Druck wie möglich auszuüben, aber so viel Druck wie nötig. Durch diese Übungen akzeptiert das Fohlen den Zug des Führstrickes, wendet sich uns zu und folgt uns, wenn es den leichten Druck am Seil spürt. Dies bildet die Grundlage für weitere Führübungen mit dem Jungpferd.

Ein Pferd muß völlig sicher geführt werden können, egal, ob am Halfter oder später an der Trense. Meist heißt es, daß der Führer auf Höhe der Schulter des Pferdes laufen und auch die Hand in dieser Höhe des Pferdes halten soll. Die Hand kann in dieser Haltung vom Pferd kaum gesehen werden, und somit kann es auf keine Signale, die wir mit der Hand geben, reagieren. Hält man hingegen die Hand in Höhe des Pferdekopfes am langen, durchhängenden Führstrick, in Höhe der unteren Halfterschnalle, dann kann das Pferd die Signale der Hand gut wahrnehmen und darauf reagieren. Wenn ich mit der Hand nach vorne gehe, soll das Pferd beschleunigen, gehe ich mit der Hand etwas nach hinten, soll es verlangsamen, ohne daß am Strick

Machen Sie Ihr Fohlen so schnell wie möglich halterführig

Bei Fuß im Trab

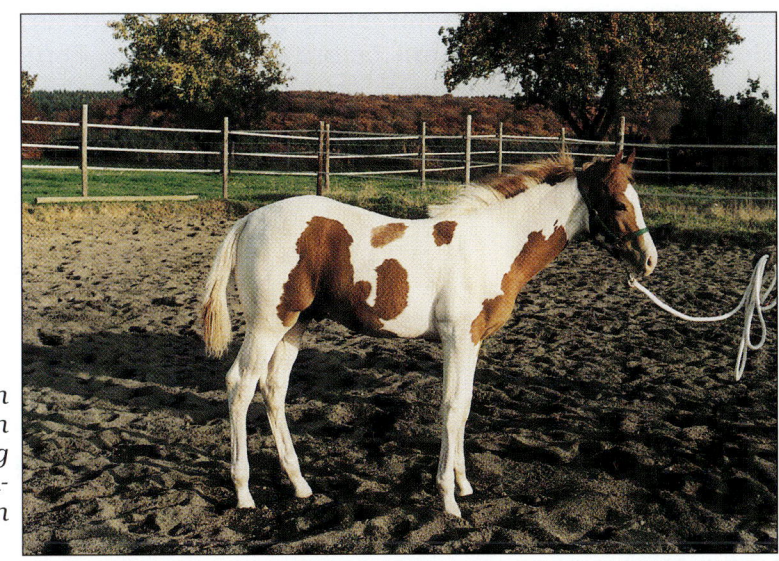

Auch ein Fohlen muß ruhig stehenbleiben

gezogen wird. Genauso bringt man dem Pferd bei, Richtungswechsel vorzunehmen. Geht meine Hand nach rechts, soll das Pferd nach rechts ausweichen, geht meine Hand nach links, soll es nach links folgen. Somit hat das Pferd die Möglichkeit, auch bei einem Richtungswechsel frei und ausbalanciert laufen zu können.

Die Nase des Pferdes sollte sich also ungefähr in Höhe Ihrer Schulter befinden. Wird das Pferd zu schnell, bekommt es einen Klaps auf die Nase, läuft es zu langsam, berühren wir es von hinten leicht mit einer Gerte. Auf keinen Fall dürfen Sie sich auf einen Ziehkampf mit dem Pferd einlassen, denn dabei wird immer das Pferd gewinnen. Selbst ein Fohlen ist uns kräftemäßig weit überlegen. Folgt es unserem Kommando nach links nicht, zupfen wir leicht am Führstrick, weicht es nicht ausreichend nach rechts aus, boxen wir ihm leicht mit unseren Fingerknöcheln in den Hals. Denken Sie gerade am Anfang daran, dem Pferd genügend Zeit zur Reaktion zu geben. Hat es Ihre Kommandos erst einmal verstanden, wird es wie ein gut ausgebildeter Hund, sozusagen frei bei Fuß, neben Ihnen herlaufen.

Falls sich das Pferd weigert, vorwärts zu gehen, wenden Sie es in kleine Zirkel ab, bevor Sie wieder geradeaus gehen. Versuchen Sie das Pferd

in Bewegung zu halten und mit minimalen Signalen zu dirigieren. Nur in Bewegung können Sie ihm beibringen, auf Ihre Forderungen zu reagieren. Funktionieren diese Übungen im Schritt, können wir sie auch im Trab versuchen. Ob auch im Galopp, liegt an der Schrittlänge Ihres Pferdes und Ihrer eigenen Kondition...

ANHALTEN

Wollen wir stehenbleiben, rütteln wir leicht am Führstrick, um das Pferd aufmerksam zu machen, heben dabei leicht die Hand und geben unser dazugehörendes Stimmkommando. Bleibt das Pferd daraufhin nicht stehen, müssen wir schnell genug reagieren und ihm mit der linken Hand einen Klaps auf die Nase versetzen. Man kann auch eine Gerte in der linken Hand haben und dem Pferd in diesem Fall einen Klaps mit dem Gertengriff geben.

Beim Antreten gehen wir mit der Hand nach vorne und setzen uns in Bewegung. Kommt das Pferd nicht mit, berühren wir es, ohne uns umzudrehen, hinten leicht mit der Gertenspitze. Mit dieser Übung können Sie mit der Zeit die uneingeschränkte Aufmerksamkeit des Pferdes auf Ihre Bewegungen lenken. Anfangs kündigen Sie Ihre Absicht, stehenzubleiben, mit einer deutlichen Handbewegung und einer Stimmhilfe an. Später reduzieren Sie die Handbewegung immer mehr, lassen das Stimmkommando allmählich weg und bleiben immer überraschender stehen. Dieses Vorgehen sollte man natürlich nur langsam steigern, man kann es aber zu einem richtigen Wetteifern kommen lassen. Das Pferd reagiert dann nur auf Ihre Körpersprache. Dadurch bekommen Sie nicht nur ein äußerst angenehm zu führendes Pferd, sondern lenken durch das häufige Stehenbleiben und Wieder-Los-Laufen auch die Aufmerksamkeit des Pferdes auf Ihre Körpersignale.

Bei einem ruhigen Pferd kann man all diese Übungen mit dem Führstrick machen. Hat man allerdings ein temperamentvolles Pferd oder einen Junghengst, sollte man vorsichtshalber eine Führkette einschnallen, damit man im Zweifelsfall mehr Zugriffsmöglichkeiten auf das Pferd hat. Bei Junghengsten hat es sich auch bewährt, Führkette und

Führstrick einzuhängen und im Normalfall mit dem Führstrick zu arbeiten. Lehnt sich der Junghengst während der Arbeit auf, hat man dennoch die Möglichkeit, ihn mit der Führkette zur Ordnung zu rufen.

RÜCKWÄRTSGEHEN

Wenn wir das Pferd angehalten haben, lassen wir es kurz ruhig stehen und postieren uns dann mit etwas Abstand und langem Führstrick davor. In einer Hand haben wir den Führstrick oder die Führkette, an der wir als erstes leicht rütteln, um das Pferd aufmerksam zu machen. Die andere Hand strecken wir deutlich nach oben und deuten zurück, während wir die Stimmhilfe geben und dabei einen Schritt frontal auf das Pferd zu machen. Normalerweise wird das Pferd daraufhin ein oder zwei Schritte rückwärts gehen. Das reicht für den Anfang aus. Später kann man die Übung auf mehrere Meter ausdehnen. Reagiert das Pferd zu zögerlich, kann man beide Hände erheben oder auch mit einer Gerte zur Unterstützung an die Brust des Pferdes klopfen.

Klappt diese Lektion, so kann man dazu übergehen, nach dem Anhalten und einer kurzen Pause rückwärts zu gehen, ohne sich vor das Pferd zu stellen. Wir bleiben dazu in Laufrichtung stehen, geben das Stimmkommando und machen Anstalten, langsam zurückzugehen. Dabei können wir dem Pferd leicht auf die Brust klopfen. Hat es die Übung verstanden, wird es nicht lange dauern, bis es neben uns geradegerichtet rückwärts läuft.

HANDPFERD

Ist das Fohlen halfterführig, können wir es auch bei einem Ausritt als Handpferd neben der Stute mitnehmen. Wir benützen jede Arbeit mit

der Stute dazu, dem Fohlen möglichst viel beizubringen. Longieren wir die Stute auf einem eingezäunten Platz, kann das Fohlen frei mitlaufen. Es wird nicht lange dauern, und es wird sogar noch im Alter von 6 Monaten neben seiner Mutter herlaufen und die verschiedenen Kommandos kennenlernen. Auch durch die Arbeit als Handpferd im Gelände kann man dem Fohlen viel beibringen. Benutzen wir beim Reiten bewußt Stimmkommandos, welche die Stute bereits kennt, wird das Fohlen auch rasch mit diesen vertraut. Darüber hinaus lernt es viele Situationen kennen, die es später nicht mehr beunruhigen werden. Voraussetzung hierfür ist natürlich eine gelassene und ausgeglichene Stute, die auch in schwierigen Situationen ruhig stehenbleibt und dem Fohlen damit zeigt, daß es nicht notwendig ist, sich zu fürchten.

Das Fohlen wird mit einem stabilen Halfter versehen und mit einem weichen Führstrick, der bei einem Gegenzug nicht zu leicht in die Hand schneidet. Der Reiter sollte beim Reiten mit Handpferd immer Handschuhe tragen. Bei stürmischen Pferden kann man zusätzlich eine Führkette einschnallen. Auf diese ist im Normalfall kein Zug auszuüben, das Pferd würde daraufhin sofort stehenbleiben. Eine Führkette wird mit einem kurzen Ruck benutzt, der dem Pferd einen kleinen Schlag auf die Nase versetzt. Beim Reiten kann man damit dem Handpferd schnell beibringen, daß es unser Reitpferd auf keinen

Rückwärtsrichten

Fall zu überholen hat. Es sollte ruhig, im gleichen Tempo, ungefähr auf gleicher Höhe mitlaufen. Lassen Sie nur knapp einen Meter Abstand zwischen Ihrem Reitpferd und dem Handpferd zu.

Beginnen Sie diese Übung auf einem umzäunten Platz, ehe Sie sich ins Gelände wagen. Ist das Reitpferd die Mutter des Fohlens, wird es kaum Probleme geben. Mehr Schwierigkeiten werden auftauchen, wenn es sich um ein fremdes Pferd handelt. Will das junge Pferd nicht gleich mitkommen, benutzen Sie die gleiche Methode, wie unter Halfterführigkeit beschrieben. Bauen Sie einen leichten Zug am Führseil auf, und setzen Sie das junge Pferd in Bewegung, am besten nicht geradeaus, sondern im

Nehmen Sie Ihr Fohlen als Handpferd mit

Kreis. Es ist für das Jungpferd ein ungewohntes Gefühl, einen Menschen in der Höhe des Reiters schräg über sich zu haben. Wenn es im Schritt ruhig mitläuft, dann greifen Sie hinüber und kraulen ihm den Hals. Mit mehr Übung können Sie mit Handpferd auch im Trab und im Galopp reiten. Dies setzt natürlich ein sehr zuverlässiges Reitpferd voraus, das einhändig zu reiten und in jeder Situation leicht zu kontrollieren ist. Haben Sie ein Hengstfohlen als Handpferd, so lassen Sie von Anfang an nicht zu, daß es das Reitpferd kneift. Es wird auch nicht lange dauern, bis es versucht, in Ihr Knie zu beißen. Unterbinden Sie dies sofort mit einem lauten Ausruf und im Zweifelsfall mit einem harten Ruck an der Führkette.

ANBINDEN

Ein junges Pferd einfach anzubinden, ist außerordentlich gefährlich. Es wird sich, je nach Temperament, immens dagegen wehren, sich aufbäumen und kann sich dabei unter Umständen sogar das Genick brechen. Wenn ein Pferd am Anbindestrick zieht, wehrt es sich gegen den Druck, der auf das Halfter wirkt. Es ist dabei ohne Belang für das Pferd, ob der Zug davon kommt, daß wir es nach vorne ziehen, oder daher, daß das Pferd nach hinten zieht. Wir müssen dem Pferd beibringen, daß es sich dem Druck des Halfters im Genick nicht widersetzt. Voraussetzung für das Anbinden ist, daß das Pferd erfolgreich alle Übungen des Führtrainings beherrscht.

Ein Fohlen muß nicht von jetzt an gleich lernen angebunden zu sein. Am besten übt man derlei am Anfang immer im Beisein der Mutter. Wir nehmen dazu einen mindestens zwei Meter langen, weichen Baumwollstrick, den wir am Halfter des Fohlens befestigen. Das andere Ende des Strickes führen wir durch einen Anbindering und behalten das Ende in der Hand. Will das Fohlen davonlaufen, bringen wir es sanft wieder in die richtige Position, am besten verbunden mit einem Stimmkommando zum Stehenbleiben. Steht es ruhig, loben wir es und kraulen es am Hals. Wir sollten diese Übung am Anfang nicht zu lange hintereinander ausführen, da Fohlen, genauso wie kleine Kinder, nicht lange stillhalten. Mit der Zeit können wir die Übungszeit aber ausdehnen. Zieht das Fohlen zurück, halten wir mit dem Strick dagegen, bis es wieder nachgibt. Dann lassen wir den Strick sofort locker durchhängen. Auf diese Weise bekommt das Fohlen nie einen wirklich harten Ruck durch den Strick.

Bleibt das Tier ruhig stehen, können wir anfangen, es anzubinden. Am sichersten ist es, wenn wir in den Führstrick einen Gummiring einbauen, der dafür sorgt, daß sich der Strick beim Anziehen etwas dehnt, damit der Ruck nicht zu stark ausfällt. Außerdem befestigen wir den Strick selbstverständlich nur mit einem Sicherheitsknoten, der auch unter Zug sofort zu öffnen ist. Dies sollte man selbst bei gut erzogenen erwachsenen Pferden beherzigen.

Selbstverständlich sollte sein, daß man ein angebundenes Pferd nie unbeaufsichtigt läßt.

GROUND-TYING

Diese Übung kommt ursprünglich aus dem Westernreiten und gewährleistet dem Cowboy, daß sein Pferd, ohne sich zu rühren, auf der Stelle stehenbleibt, wo er es verlassen hat, obwohl er in der Zwischenzeit anderen Tätigkeiten nachgeht.

Wieder trägt unser Jungpferd ein Halfter und ein langes Führseil. Beim Anhalten haben wir das Pferd bereits an ein Stimmkommando gewöhnt. Dieses verwenden wir, um das Pferd anzuhalten, dabei geben wir ihm einen leichten Ruck mit dem Führseil nach unten. Wir loben das Tier und versuchen, uns ein kleines Stück von ihm zu entfernen, dabei muß der Führstrick völlig locker durchhängen. Wenn es hinter uns herlaufen will, geben wir wieder unser Stimmkommando und schütteln das Seil auf und ab. Normalerweise wird das Pferd dann stehenbleiben. Wir loben es wieder und bleiben kurz stehen, bevor wir uns wieder weiter weg bewegen. Haben wir einen langen Führstrick, so können wir diesen auf dem Boden liegenlassen und dennoch das andere Ende zur Sicherheit in der Hand halten. Ziel ist es letztendlich, daß das Pferd, sobald der Führstrick nach unten hängt, völlig ruhig stehenbleibt. Gelingen diese Übungen gut, so kann man dazu übergehen, das Ende des Seiles wirklich auf dem Boden liegenzulassen, um ganz um das Pferd herum zu gehen. Es kann sein, daß das Pferd am Anfang etwas unruhig wird, aber das wird sich schnell legen. Es gibt jede Menge Möglichkeiten, diese Übung weiter auszubauen. Wir können z. B. einen Eimer mit Futter weit entfernt aufstellen und den Abstand mit der Zeit immer weiter verringern. Selbstverständlich sollte man diese Übung immer auf einem umzäunten Platz ausführen. Das Ground-Tying kann aber auch auf einer umzäunten Koppel mit frischem, hohem Gras geübt werden. Das Pferd hat, ist es aufgehaltert, nicht zu fressen, und wir müssen es auch jederzeit mitten im Grünen lassen können, ohne daß es frißt oder sich von der Stelle bewegt.

Eine weitere Möglichkeit ist, diese Übung auf einem Reitplatz zu absolvieren, während andere Reiter mit ihren Pferden, mehr oder minder entfernt, um das stehende Pferd herumreiten. Ein wohlerzogenes Pferd bleibt stehen, auch wenn andere Pferde um es herumgaloppieren. Man kann sich verschiedenste Ablenkungsmöglichkeiten einfallen lassen, so kann jemand in der Entfernung einen Regenschirm öffnen

Sicheres Ground-Tying erwachsener Pferde bei einer Rast

und schließen und vieles mehr. Dem eigenen Erfindungsreichtum sind hierbei keine Grenzen gesetzt. Ist das Pferd erst einmal erwachsen und eingeritten, werden Sie froh sein, diese Übung absolviert zu haben, wenn Sie mit Ihrem Pferd ins Gelände reiten. Es wird nicht nur nicht erschrecken, sondern ruhig in jeder Situation stehenbleiben.

BODENARBEIT

Wir können eine ganze Reihe von Übungen mit unserem Jungpferd praktizieren, damit es gehorsam auf uns achtet und unseren Befehlen vom Boden aus folgt. Wir erleichtern damit nicht nur uns, sondern auch unserem Pferd die spätere Arbeit vom Sattel aus. Voraussetzung ist, daß uns das Tier zuverlässig folgt und es am losen Führstrick neben uns herläuft.

Eine gute Bodenarbeit geht über die Halterführigkeit weit hinaus. So kann es zum Beispiel im Zusammenleben mit dem Pferd notwendig sein, daß Engpässe bewältigt werden müssen, bei denen das Pferd oder der Mensch vorangehen soll. Die sicherste Position für den Menschen ist in diesem Falle immer hinter dem Pferd, da man ihm, falls es doch einmal panisch reagieren sollte und davonstürmt, nicht im Wege steht. Kontrollieren wir das Pferd von hinten aus, so benehmen wir uns wie ein Hengst. Dazu brauchen wir ein langes Führseil, so daß wir selbst schräg hinter der Hinterhand des Pferdes gehen können. Wir können das Tier von hinten treiben und durch Zupfen am Führseil gleichzeitig Richtung und Geschwindigkeit angeben. Reagiert das Pferd auf unser tun, ist die Rangfolge völlig klargestellt, das Tier hat uns als „Leithengst" akzeptiert.

Um das Pferd wendiger zu machen, führen wir es um Stangen und Tonnen. Wir können ein ganzes Labyrinth aufbauen. Dabei können Stangen sternförmig gelegt und das Pferd im Schritt darüber geführt werden, damit es lernt, seine Gliedmaßen besser zu koordinieren. Wir können es auch durch einen engen Gang aus Strohballen und Fässern führen, damit es keine Angst vor Engpässen hat. Hilfreich ist es dabei, einfach ein erfahrenes Pferd vorneweg zu führen. Wir können dem Pferd auch beibringen, ruhig über eine Plastikplane zu laufen. Die wichtigsten Voraussetzungen bei all diesen Übungen sind immer: die

Schon vom Boden aus kann man dem Pferd die Angst vor Engpässen nehmen

Ruhe und die Gelassenheit des Pferdeführers. Konsequenz und ein ruhiger Umgang mit dem Pferd sind das Einmaleins jeglicher Erziehung.

Voraussetzung für diese Bodenarbeit ist, daß das Tier auf unsere Körpersprache achtet, beziehungsweise wir uns auch für das Pferd deutlich genug ausdrücken. Bei den Lektionen muß man auf jedes einzelne Pferd individuell eingehen. Haben wir einen verspannten, genervten Araber, mit dem wir über Stangen laufen wollen, werden wir ihn sinnvollerweise erst einmal frei laufen lassen, damit er sich lösen und beruhigen kann. Nur wenn wir dem Tier klarmachen, daß dieses Tun angenehm für es ist, wird es uns gelingen.

Achten Sie bei den Übungen darauf, einen Abstand von etwa einem Meter zum Pferd einzuhalten, damit es sich nicht bedrängt fühlt. Lassen Sie dem Tier immer Entscheidungsmöglichkeiten und einen Ausweg. Machen Sie dem Pferd alle Wege, die es Ihrer Meinung nach nicht gehen soll, einfach unbequem. Wollen Sie zum Beispiel, daß es seitwärts nach rechts ausweicht, so bedrängen Sie es von der linken Seite aus. Dies kann – je nach Sensibilität – durch Finger-, Hand- oder Armbewegungen erfolgen, aber auch mit einem schwingenden Seil oder der Gertenspitze. Eine Vorwärtsbewegung können Sie durch einen leichten Ruck am Halfter unterbinden, ein Rückwärtstreten durch eine Berührung mit dem Seil oder der Gertenspitze. So machen Sie dem Pferd alle Richtungen unbequem bis auf diejenige, welche erwünscht ist. Es wird nicht allzu lange dauern, bis das Pferd den Weg des geringsten Widerstandes nimmt und nach rechts ausweicht. In

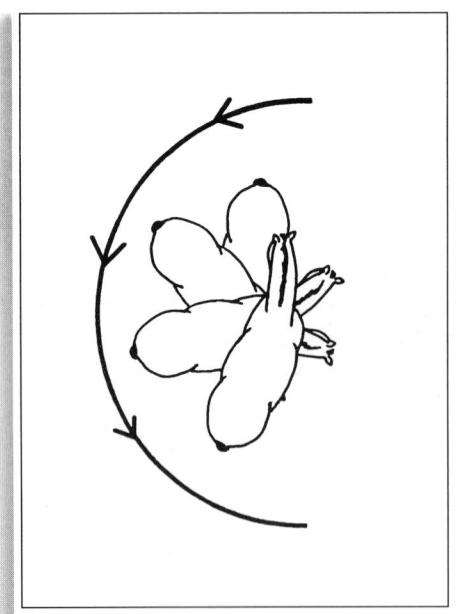

Skizze einer korrekten Vorhandwendung nach rechts

diesem Falle ist es die einzige bequeme Lösung für das Tier. So kommen Sie Schritt für Schritt zu einer freiwilligen Mitarbeit des Pferdes. Verlangen Sie nur ungefährliche Sachen von ihm, und es wird Ihnen mit der Zeit immer mehr Vertrauen schenken und mit Ihnen durch dick und dünn gehen.

Nehmen wir die Gerte zu Hilfe, können wir dem Tier auch leicht beibringen, seitwärts zu treten oder eine Vorhandwendung an der Hand zu machen. Diese Biegeübungen bereiten das Pferd gut auf das Einreiten vor, es lernt reiterliche Hilfen kennen und kann sich auch in Biegungen immer besser im Gleichgewicht bewegen.

Bei einer Vorhandwendung soll das Pferd seine Hinterbeine um die Vorhand bewegen. Man stellt sich leicht seitwärts neben den Kopf, aber so, daß das Pferd sich nicht dazu ermutigt fühlt, nach vorne wegzutreten. Dann berühren wir es leicht an der Seite – an der Stelle, wo später auch die Schenkelhilfen einsetzen werden. Ein empfindliches Pferd wird wahrscheinlich sofort der Gerte weichen, auch wenn es keine Angst davor hat.

Dann müssen wir nur durch Zupfen an der Führkette dafür sorgen, daß das Pferd vorne auf der Stelle stehenbleibt. Ein weniger empfindliches Tier werden wir etwas deutlicher auffordern müssen und eventuell den Pferdekopf durch wiederholtes Zupfen etwas auf unsere Seite drehen. Durch diese leichte Biegung der Wirbelsäule animieren wir das Pferd dazu, sich zu drehen. Am Anfang reichen wenige Schritte, dann probieren wir es mit der anderen Seite. Wenn das Tier die Übung verstanden hat, sollten wir sie nicht lange weiterverfolgen. Lange Wiederholungen machen das Pferd mißmutig.

Beherrscht das Pferd die Vorhandwendung, können wir ihm auch leicht das Seitwärtstreten beibringen. Das heißt, daß das Tier die Beinpaare derselben Körperseite seitwärts bewegen soll, was natürlich schon eine viel größere Koordination der Bewegungen voraussetzt. Dazu beginnen wir wie bei der Vorhandwendung, nur daß wir die Gertenhilfe etwas weiter vorne einsetzen beziehungsweise flach an der Seite des Pferdes. Reagiert es nicht darauf, können wir ihm auch mit der Gerte an dem entsprechenden Bein der Vorhand bedeuten, daß es dieses Bein zur Seite nehmen soll. Legen wir die Gerte an der linken Seite des Pferdes an, damit es nach rechts weicht, können wir den Pferdekopf etwas nach links drehen, dann fällt es dem

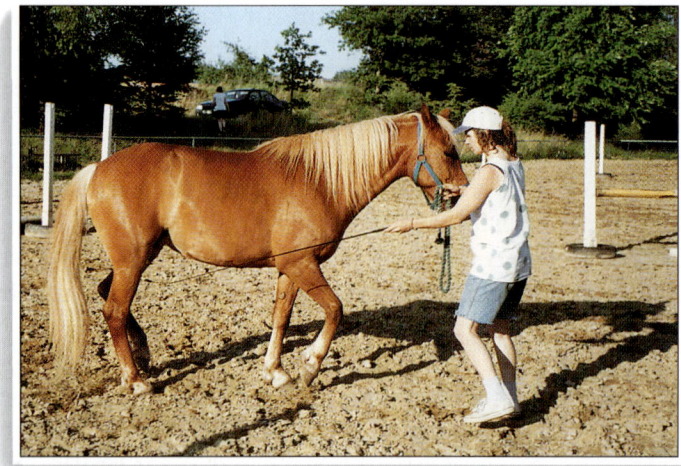

Seitwärtstreten an der Hand. Die Gerte wird flach an die Seite des Pferdes angelegt

Pferd leichter, in die gewünschte Richtung zu weichen. Die Seitwärtsbewegung macht den meisten Pferden mehr zu schaffen als die Vorhandwendung, aber mit der entsprechenden Geduld lernt es jedes Pferd. Macht das Tier ein paar Schritte richtig, loben wir es und lassen es ein paar Momente ruhig stehen. Das Stehenlassen bedeutet eine Belohnung, es dient überdies der Konzentration des Pferdes und

Das Stangen-L läßt sich auch gut zum Üben des Seitwärtstretens benutzen

Um das Pferd rückwärts durch ein Stangen-L gehen zu lassen, läßt man es kurz stehen und dann gerade rückwärts gehen

Am Eck angekommen, geben wir die entsprechenden Hilfen mit der Gerte, damit das Pferd langsam und vorsichtig um die Ecke weicht

Nach der Ecke lassen wir das Pferd wieder ruhig und langsam Schritt für Schritt gerade rückwärts gehen

führt dazu, daß es nicht übereilt von einer Übung zur anderen hastet, um möglichst schnell das ganze Übungsprogramm zu absolvieren.

Haben wir ein solch folgsames Pferd an der Hand, können wir einen richtigen Parcours aufbauen:

Ein Stangen-L können wir vorwärts und rückwärts durchlaufen, ohne die Stangen zu berühren. Wir können das Pferd auch seitwärts über die Stangen laufen lassen. Besonders interessant wird es beim rechten Winkel. Das Tier lernt schnell, daß es die Stangen nicht mit den Hufen berühren soll.

Wir können auch Schlangenlinien um Tonnen laufen und vieles mehr. Der Weg zwischen diesen Bodenhindernissen kann in unterschiedlichen Gangarten zurückgelegt werden. Wir können zwischen diesen Hindernissen auch längere Haltepausen einlegen. Der Phantasie sind hierbei fast keine Grenzen gesetzt. Mit der Zeit benötigen wir bei sensiblen Pferden keine Gerte mehr, um zu verdeutlichen, was wir von ihm wollen. Auf leichte Fingerspitzenberührungen hin wird es das tun, was wir von ihm erwarten. Pferde zeigen große Begeisterung, mit dem Menschen zu arbeiten, vor allen Dingen, wenn sie einen persönlichen Bezug zu dem Betreffenden haben.

Ein in dieser Art ausgebildetes Pferd, das auf uns achtet und unseren leichtesten Signalen gehorcht, wird kaum Probleme beim Reiten machen, weil es viel schneller begreift, was wir von ihm erwarten.

ROUNDPEN

Ein Roundpen ist ein runder Corral, ein Longierzirkel, der eine feste Begrenzung besitzt und ungefähr einen Durchmesser von 15 bis 18 Metern aufweist. Der Boden des Roundpen sollte aus etwa 10 bis 15 Zentimeter hohem, losem, weichem Material bestehen. Das kann ein Gemisch aus Erde und Sand sein.

Das Pferd läßt sich hier, nur mit der Longiergerte, wunderbar arbeiten, da es sich in keiner Ecke festlaufen kann. Der Mensch ist hier gefordert, hauptsächlich mit seiner Körpersprache auf das Tier einzuwirken, das sich völlig frei bewegen können soll.

Erstes Gebot ist Natürlichkeit, also legen Sie Ihrem Pferd keinerlei Art von Zwang auf, lassen Sie jegliche Ausrüstung weg.

Die erste Übung mit einem Pferd im Roundpen ist mehr als unspektakulär. Es soll lediglich lernen, wo sein Platz ist. Im Idealfall sind die Positionen vergleichbar mit jenen bei der Longenarbeit, das heißt, das Tier soll außen an der Begrenzung entlanglaufen, der Mensch hingegen soll sich im Mittelpunkt des Roundpens befinden. Geben Sie Ihrem Pferd zunächst ein paar Minuten Eingewöhnungszeit, in der es das Areal erst einmal ausführlich untersuchen kann. Vielleicht tobt es auch für kurze Zeit ausgelassen umher. Warten Sie einfach auf den Moment, in dem es zur Ruhe kommt. Dann versuchen Sie, es auf sich aufmerksam zu machen. Besonders einfach geht dies, indem sie ein Seil in der Hand halten, dessen Ende sie kreisen lassen. Wir beginnen damit, das Pferd dazu aufzufordern, sich zu bewegen. Bei manch einem Tier mag auch die erhobene Hand schon ausreichen, wenn nicht, schwingen Sie das Seil kreisförmig.

Sie versuchen das Verhalten von ranghohen, dominanten Tieren mit der eigenen Körpersprache nachzuahmen. Erkennt Sie das Pferd als Ranghöheren an, vertraut es Ihnen und ordnet sich Ihnen freiwillig unter. Nur wenn Ihre Dominanz nicht geklärt ist, kann es zu einem Ungehorsam des Pferdes kommen. Eine ganz einfache Regel ist die, daß das rangniedrige Pferd dem ranghöheren ausweichen muß. Da Sie das ranghohe Tier verkörpern sollen, können Sie den Platz des Pferdes beanspruchen, egal, wo es sich gerade aufhält. In der Praxis sieht das so aus, daß Sie auf das Tier zugehen und es von seinem Platz wegtreiben. Lassen Sie also das Ende des Seils in Ihrer Hand kreisen, und gehen Sie forschen Schrittes auf das Pferd zu. Normalerweise wird es sich daraufhin früher oder später in Bewegung setzen. Ist dies nicht der Fall, so können Sie es mit dem Seil auch an der Schulter oder Seite berühren, bis es mobil wird. Sie können aber auch mit dem Gertenende wippen, wenn Sie dies bevorzugen. Je nach Pferd ist auch die Intensität der Reaktion auf Gerte oder Seilende unterschiedlich. Weicht das Pferd aus, so erachtet es Sie eindeutig als

ranghöher. Bleibt es stehen, so ist die Rangordnung noch nicht geklärt oder es fühlt sich selbst ranghöher. Kommt es sogar auf Sie zu, so deutet dies an, daß es sich Ihnen gegenüber eindeutig überlegen fühlt. In diesem Fall sollten Sie selbst aufrecht und zielgerichtet auf das Pferd zugehen, einen Arm erheben und es nötigenfalls auch scharf anrufen. Sie können auch das Seilende kreisen lassen oder mit der Gertenspitze wedeln, während Sie auf das Pferd zugehen. Unter keinen Umständen dürfen Sie dem Pferd ausweichen, ansonsten bestätigen Sie eindeutig seine Meinung, der Ranghöhere zu sein. Dieses Agieren setzt natürlich bei dominanten Pferden ein starkes Selbstbewußtsein des Menschen voraus; sollten Sie dies nicht besitzen, dann begeben Sie sich besser in die Hände eines guten Trainers, um von und mit ihm zu lernen.

Setzt sich das Pferd in Bewegung, ist es zunächst einmal völlig egal, in welche Richtung es sich von dem beanspruchten Platz wendet. Gerade am Anfang müssen wir nicht wie angewurzelt im Mittelpunkt des Roundpens stehenbleiben, sondern können den ganzen Platz zur Verständigung mit dem Pferd nützen. Wollen Sie demnach, daß Ihr Pferd losläuft, gehen Sie ein Stück auf seine Hinterhand zu, schnalzen eventuell mit der Zunge, geben ein anderes Stimmkommando und / oder bedeuten ihm mit einer Handbewegung, ob mit Strick oder Gerte, daß es loslaufen soll. Setzt sich das Tier in Bewegung, können Sie Anstalten machen, zu Ihrem Platz in der Mitte zurückzukehren. Von dort aus versuchen Sie das Pferd zu kontrollieren. Dies läuft mit den gleichen Hilfen ab, wie unter Longieren beschrieben, nur wird die Longe durch die Gerte, das Seil oder ausschließlich durch Handbewegungen ersetzt. Die Körpersprache ist wie beim Longieren.

Klappt das Freilaufen im Roundpen, gehen wir einen Schritt weiter. Die Grundlektion stellt hierbei das **Anhalten** dar. Auch hier ist wieder Körpersprache gefragt. Ist das Pferd erst einmal ausgebildet, so wird es auf Zuruf und mit einem Hervorstrecken des Arms stehenbleiben. Ein Jungpferd wird jedoch darauf nicht reagieren. Wir müssen uns ihm mehr oder weniger in den Weg stellen, um es zum Anhalten zu bewegen, und selbst dann wird es eher vor uns ausweichen als stehenbleiben. Dies macht am Anfang nichts aus. Wenn wir uns bestimmt, aber nicht zu hastig bewegen, wird es nicht lange dauern, und das Jungpferd wird ruhig stehenbleiben.

Jungpferde sind bewegungs- und kontaktfreudig

Wollen Sie also erreichen, daß Ihr Jungpferd stehenbleibt, strecken Sie (wenn es rechts herum läuft) den rechten Arm und somit auch die rechte Schulter nach vorne / seitwärts und gehen ein Stück auf die Begrenzung zu. Dazu benutzen Sie am besten ein Stimmkommando. Bleibt es nicht stehen, bremsen Sie es in der nächsten Runde ab. Im anderen Fall loben Sie es überschwenglich. Dann begeben Sie sich wieder in die Mitte des Platzes zurück und versuchen von dort aus, das Pferd wieder in Bewegung zu setzen. In unserem Beispiel bedeutet das, daß wir den linken Arm samt der Schulter nach vorne strecken, um zusammen mit einem Stimmkommando das Pferd zum Antreten zu bewegen. Reagiert es nicht, gehen wir wieder ein Stück auf das Tier zu und versuchen dadurch, die treibende Hilfe zu verstärken. Im allgemeinen dauert es nicht lange, bis das Pferd verstanden hat, was wir von ihm wollen.

Wollen wir ein Pferd auf dem Zirkelkurs **wenden**, so halten wir es erst einmal an. Wenn Sie von einem Pferd eine Bewegung in eine bestimmte Richtung verlangen, schneiden Sie ihm jeden Weg ab bis auf den, den Sie wünschen. Läuft das Pferd nach rechts, ist bei einer Wendung nach außen die linke Seite bereits durch die Bande begrenzt, vorne wird es von Ihnen begrenzt, und rückwärts geht ein Pferd nur, wenn es wirklich keine andere Möglichkeit hat. Somit wird es freiwillig auf der Hinterhand wenden. Im Prinzip ist es im Roundpen gleichgültig, ob das Pferd nach innen oder nach außen wendet. Pferde reagieren dabei mit unterschiedlichen Vorlieben. Wir stellen uns schräg vor das Tier, um ihm zu bedeuten, daß es uns ausweichen soll. Dabei wedeln wir mit dem Arm, der Gerte oder auch dem Strick. Äußern wir überdies noch ein Stimmkommando, wird es nicht lange dauern, bis das Pferd auf dieses hin wendet, auch wenn wir uns im Mittelpunkt des Roundpens befinden. Meist wird es ausreichen, wenn wir zum Stimmkommando noch einen kleinen Schritt auf das Pferd zu machen.

LONGIEREN

Mit dem Longieren sollte man nicht vor dem zweiten Lebensjahr beginnen. Bis dahin sind Muskeln, Sehnen und Gelenke so weit entwickelt, daß dem Jungpferd diese unnatürliche Biegung nichts mehr ausmacht. Dann kann man mit einem langsamen Longentraining anfangen. Der Boden auf dem Longierplatz sollte weich, aber nicht zu tief sein, dadurch hat das Pferd mehr Halt und die Beine werden nicht zu stark belastet. Durch das Longieren wird das junge Pferd an gleichmäßige Bewegungsabläufe gewöhnt, seine Konzentrationsfähigkeit wird gesteigert und seine Muskeln werden gymnastiziert. Die Fähigkeit, sich zu konzentrieren, ist bei jungen Pferden sehr beschränkt. Hat man mit einem Fohlen wirklich nur Minuten gearbeitet, so fangen wir auch jetzt nur mit 10 Minuten Longenarbeit an. Dies können wir mit der Zeit auf 20 Minuten steigern, nicht mehr. Kennt das Pferd unsere Stimmkommandos, so wird es sich an der Longe schnell zurechtfinden. Wir bauen das Longentraining aus, indem wir das Pferd im dritten Lebensjahr 2–3 Mal pro Woche longieren, allmählich auch mit Sattel.

Der beste Platz zum Longieren ist ein abgegrenzter Longierzirkel, der Roundpen. Er sollte einen Durchmesser von ungefähr 15 bis 18 Metern besitzen. Ein ruhiges Pferd longiert man einfach am Stallhalfter, ansonsten verwendet man einen leichten Kappzaun. Will man das Pferd links herum longieren, hält man die aufgerollte Longierleine in der linken Hand, und zwar so, daß man sie nach Bedarf leicht abrollen lassen kann. In der Rechten hält man die Longiergerte, mit der Spitze zum Boden gerichtet. Man tritt einen Schritt seitwärts / rückwärts in Richtung zur Kruppe des Pferdes und hebt leicht die Longiergerte. Mit dem entsprechenden Stimmkommando ermuntert man das Pferd dazu, anzutreten. Nun sollte es sich um die longierende Person im Mittelpunkt herum in Bewegung setzen. Hält man die Longiergerte mehr zur Mitte des Pferdes hin, wird es den Zirkel vergrößern. Beim Longieren mit der Longierleine muß man die Leine abrollen lassen, bis das Pferd in dem gewünschten Abstand um einen herumläuft. Beim freien Longieren ohne Leine tendiert das Pferd von sich aus, nach außen, von der Gerte weg, zu laufen.

Läuft das Pferd ruhig im Kreis, läßt man es in Ruhe laufen. Will es verlangsamen, macht man einen Schritt nach links / vorne, dreht

*Handwech-
sel an der
Longe*

sich etwas nach rechts, verkürzt also den Winkel, läßt die Spitze der Gerte zu Boden sinken und gibt das Stimmkommando zum Anhalten. Bleibt das Pferd nicht sofort stehen, wiederholt man die Kommandos. Danach geht man zu ihm, lobt es und läßt es kurze Zeit stehen. So bringt man ihm am Anfang auf leichte Weise das Anhalten bei. Später soll es natürlich aus jeder Geschwindigkeit anzuhalten sein. Dann wendet man das Pferd und arbeitet es genauso auf der anderen Seite.

Versucht das Pferd, in die Mitte zu laufen, korrigiert man es mit der Gertenspitze. Im Idealfall bildet man mit dem jungen Tier ein gleich-schenkliges Dreieck. Fängt man an, ein Jungpferd zu longieren, so kann es nötig sein, daß es ein Helfer immer wieder ruhig zum Longierzirkel zurückführen muß, bis es verstanden hat, daß es im Kreis herumlaufen soll.

Will man das Pferd beschleunigen, tritt man einen Schritt in Richtung Kruppe und hebt die Gertenspitze. Je nachdem, wie gut das Pferd schon vor dem Longentraining auf Stimmkommandos hin ausgebildet wurde, wird es sehr schnell nicht nur auf das Anhalten, sondern auch auf die entsprechenden Kommandos für die verschiedenen Gangarten hören.

STANGENTRAINING

Das Treten über Bodenstangen trainiert die Koordination des Pferdes zwischen Augen und Beinen. Junge Pferde lernen so mit Leichtigkeit, sich in der Bewegung besser auszubalancieren. Wir benutzen mehrere Stangen, deren eine Seite wir im Roundpen oder auf dem Longierzirkel auf den Boden legen, während wir die andere, äußere Seite ungefähr auf eine Höhe von 30–40 Zentimeter bringen. Die Stangen sollten auf diesem Zirkel in unterschiedlichen Abständen liegen.

Wir möchten, daß das Pferd in gleichmäßigem Tempo über die Stangen trabt, ohne sie zu berühren. Am Anfang lassen wir das Jungpferd in einem kleinen Kreis langsam um uns herum laufen. So hat es Zeit, sich allmählich an die Stangen zu gewöhnen. Dann vergrößern wir den Abstand zu uns, somit fängt das Pferd an, über die höheren Enden der Stangen zu laufen. Gelingt ihm dies, ohne anzustoßen, beschleunigen wir das Tempo, bis es trotz der höheren Stangen ein gleichmäßiges Trabtempo geht.

Bis dies möglich ist, ohne daß das Tier an den Stangen anschlägt, kann einige Zeit vergehen. Lassen Sie ihm Zeit dazu, und wiederholen Sie diese Übung nicht zu oft. Im Laufe der Zeit werden sich die Bewegungen und die Koordination des Pferdes immer mehr verbessern. Zu diesem Zeitpunkt können wir es diese Übung auch in einem langsamen Galopp ausführen lassen. Dabei geben wir dem Pferd immer noch die Möglichkeit, selbst den Zirkel etwas zu verkleinern oder zu vergrößern. Absolviert das Jungpferd auch diese Übung ohne Schwierigkeiten, können wir auch das innere Ende der Stangen auf dieselbe Höhe bringen wie außen. Auch diese Übung soll das Pferd zunächst in einem ruhigen Trabtempo gehen, bevor es darauf im Galopp läuft. Im weiteren Training können wir die Übung dazu benutzen, um dem Tier die Arbeit auf der Hinterhand beizubringen. Ist das Jungpferd richtig im Roundpen gearbeitet worden, so können wir es die Richtung wechseln lassen. Dies machen wir uns nun bei der Cavalettiarbeit zunutze. Nachdem das Pferd im Galopp über eine Stange gesprungen ist und gerade seine Hinterbeine wieder aufgesetzt hat, fordern wir es so schnell wie möglich zum Richtungswechsel auf. Dabei dreht es sich auf der Hinterhand und hebt sofort wieder seine Vorderbeine in die Luft, um zurück über die Stange zu springen.

PLANEN

Um dem Pferd beizubringen, freiwillig über eine Plane zu gehen, arbeiten wir es wieder im Roundpen. Im günstigsten Fall haben wir ihm bereits im Fohlenalter eine Plastikplane in den Auslauf gelegt oder das Jungpferd auch schon an der Hand über eine Plastikplane geführt. Meist reagiert das Pferd aber deutlich ängstlicher, wenn es frei laufend über eine Plane gehen soll.

Wir legen eine breite Plane nahe am Zaun in den Roundpen. Dann lassen wir das Pferd frei laufen. Ziel ist, daß es ruhig und gelassen auf der Plane stehenbleibt. Es soll nicht hektisch darüber hinwegrennen, sondern erkennen, daß der angenehmste Ort innerhalb des Roundpens jener mitten auf der Plane ist. Kommt das Pferd in die Nähe der Plane, wird es zunächst versuchen, ihr auszuweichen. Lassen Sie das Pferd einfach laufen, bis es sich nicht mehr aufregt und ruhig durch den Roundpen läuft, auch wenn es der Plane ausweicht.

Durch unsere frühere Arbeit im Roundpen können wir bestimmen, in welche Richtung das Tier läuft. Wir können es auch anhalten und ausruhen lassen. Diese Befehle können wir jetzt positiv für unsere Zwecke nutzen. Wir setzen das Pferd in eine Richtung in Bewegung und halten es in einem ausreichenden Abstand vor der Plane an, damit es nicht nervös wird und in Versuchung kommt, auszuweichen. Nun lassen wir es kurz stehen, wenden es und schicken es in die andere Richtung. Auch dort halten wir es in ausreichendem Abstand von der Plane an. Dazwischen machen wir ausreichende Pausen, damit sich das Pferd nicht erregt. So stellt es fest, daß es gar keine Notwendigkeit gibt, über die Plane zu gehen. Es dauert nicht lange, und das Tier verliert erst einmal sein Interesse an der Plane. Langsam verringern wir den Abstand vom Stop zur Plane, aber nur um so viel, daß das Pferd nicht unruhig wird. Diese Übung kann auch durchaus mehrere Tage dauern, wichtig ist, daß das Pferd nicht dazu gezwungen wird, über die Plane zu laufen. Irgendwann steht es direkt davor. Dann fordern wir es auf, langsam einen Schritt nach vorne zu tun. Wahrscheinlich wird es versuchen, nach innen auszuweichen. Wir wenden das Pferd sofort und lassen es auf der anderen Seite zum Stehen kommen. Nach kurzer Zeit wird es erst mit einem, dann mit zwei Hufen auf der Plane stehen. Nun ist der Zeitpunkt nicht mehr fern, bis es völlig auf der Plane steht. Hier lassen wir es ausreichend lange

Arbeit an der Hand im Trab am lose aufgerollten Führstrick beim Überqueren einer Plastikplane

ausruhen. Es soll feststellen, daß dies der angenehmste Ort im Roundpen ist. Und all dies hat das Tier ganz alleine für sich herausgefunden, ohne daß wir irgendeinen Zwang angewendet haben.

VERLADEN

Es gibt Umstände, die Sie zwingen können, das Fohlen verladen zu müssen, bevor es halfterführig ist. Auch wenn Sie versucht sein sollten, das Fohlen einfach in den Hänger hineinschieben zu wollen, lassen Sie es lieber! Dabei kann Mensch oder Tier viel zu leicht verletzt werden. Das Fohlen soll sowohl vor als auch im Hänger entspannt stehenbleiben und sich nicht ängstigen. Verschränken Sie zusammen mit einem Helfer die Hände hinter dem Fohlen, ohne es vorwärts zu schieben. Wenn Sie anfangen zu schieben, drückt das Fohlen nur zurück und Sie werden es nicht davon abbringen können, rückwärts

zu laufen. Bleiben Sie in dieser Art stehen, und verhindern Sie mit den verschränkten Händen nur, daß das Tier zurückweicht. Sie stehen dabei seitlich von ihm und lassen das meist neugierige Fohlen in den Hänger hineinblicken. Wenn es seinen Kopf abwendet, dann drücken Sie den Kopf mit der anderen Hand vorsichtig wieder Richtung Hänger. Sobald es einen Schritt nach vorne macht, loben Sie es und gehen mitsamt den verschränkten Händen mit, wiederum ohne zu schieben. Druck wird nur mit Druck erwidert. Ziehen Sie nach vorne, wird das Pferd zurückziehen. Schieben Sie von hinten, so wird es anfangen, rückwärts zu laufen. Wenn Sie das Fohlen mit der oben beschriebenen Methode verladen, haben Sie die Gewähr dafür, daß es völlig ruhig und entspannt im Hänger stehen wird und auch beim nächsten Verladevorgang nicht verängstigt ist.

Auch beim halfterführigen Jungpferd müssen wir dafür sorgen, daß es weder beim Verladevorgang noch während seines Aufenthaltes im Hänger Angst hat, sonst stellt es eine große Gefahr für sich selbst und alle beteiligten Menschen dar. Hören Sie auf keinen Fall auf Leute, die Ihnen empfehlen, das Pferd mit Beruhigungsmitteln zu behandeln, ihm einen Sack über den Kopf ziehen wollen oder sonstige etwaige Empfehlungen abgeben. Das Tier sollte auch außerhalb des Hängers ruhig und gelassen sein und bei vollem Bewußtsein das Verladen angstfrei erleben, sonst beginnen die Schwierigkeiten beim nächsten Mal wieder von vorne. Das Pferd hat auch nicht nur ruhig in den Hänger hineinzugehen, sondern muß drinnen völlig gelassen stehenbleiben, während wir den Hänger verschließen. Dieser ganze Vorgang sollte ohne Streß von einer Person durchführbar sein, denn was sollen wir sonst machen, wenn wir vor einem Notfall stehen, aber kein zweiter Mensch bereitsteht? Wir müssen das Pferd also jederzeit völlig unter Kontrolle haben und es auch unbedingt zu jedem Zeitpunkt des Verladevorganges anhalten können. Üben Sie das Verladen nicht erst, wenn es notwendig ist, sondern beizeiten, und nehmen Sie sich dafür ausreichend Zeit.

Einem sehr gut halterführigen Pferd kann man recht schnell beibringen, hinter einem in den Hänger zu laufen. Sollte dies Probleme bereiten, dann haben wir Führschwierigkeiten und müssen zu unseren anfänglichen Führübungen zurückkehren, um unsere Rangordnung eindeutig klarzustellen. Bequemer und mit weniger Gefahren verbunden ist es allerdings, wenn das Pferd von alleine in den Hänger geht.

Wir stellen dem Tier kein Futter in den Hänger, denn wir wollen es nicht hier füttern, sondern ihm eine neue Lektion beibringen. Die bei der Bodenarbeit verwendeten Signale gelten natürlich auch hier. Wir müssen dem Pferd also bedeuten, sich auf ein Signal von uns langsam in Bewegung zu setzen. Dazu brauchen wir vorerst keinen Hänger. Damit es alleine in den Hänger läuft, muß es lernen, an uns vorbeizulaufen. Dazu geben wir ihm das Signal, indem wir unsere Hand und unseren Arm in Richtung Kruppe heben – ähnlich wie auch beim Longieren, nur in einem kürzeren Abstand. Um dem Pferd dieses Signal beizubringen, benutzen wir am besten eine lange, steife Dressurgerte, die wir als Verlängerung unserer Hand gebrauchen. Dabei stehen wir auf der Seite des Pferdes, dicht neben seiner Schulter. Auf dieser Position bleiben wir während des gesamten Verladevorganges.

Das Pferd trägt ein Halfter und einen Führstrick, damit kontrollieren wir die Richtung des Kopfes. Wir zupfen nun am Führstrick und fordern das Pferd auf, einen Schritt nach vorne zu machen. Sollte es nicht reagieren, heben wir die Dressurgerte in Richtung seiner Kruppe. Kommt immer noch keine Reaktion, so tippen wir das Tier mit der Gerte an. Dies reicht im allgemeinen aus, um es in Bewegung zu setzen, vor allen Dingen, wenn Sie in der Vergangenheit die beschriebenen Führübungen und die Bodenarbeit absolviert haben. Macht das Pferd einen Schritt nach vorne, dann loben wir es überschwenglich. Zappelt es herum, dann halten Sie es mit Handbewegungen oder unter Umständen auch mittels Einsatz der Gerte in einem angemessenen Abstand von ca. einem Meter von Ihnen entfernt. So vermeiden Sie, daß das Pferd Sie später beim Verladen in den Hänger zur Seite drängt. Daß es Sie nicht anrempeln darf, sollte es schon längst bei der Bodenarbeit gelernt haben. Das Tier darf auch nicht nach vorne drängeln, es soll auf Befehl Schritt für Schritt vorwärts gehen, und jeder seiner Schritte sollte kontrollierbar sein. Nun, diese Übung können wir völlig ohne Hänger absolvieren. Gelingt uns dies, setzen wir uns gemeinsam mit dem Pferd in Richtung Hänger in Bewegung und bleiben in einem Abstand davor stehen, der das Pferd noch nicht beunruhigt. Wir dürfen nicht erst kurz vor dem Hänger stehenbleiben, wo das Pferd wahrscheinlich schon nervös und aufgeregt reagiert, sondern

wir brauchen einen Abstand, in dem das Pferd in aller Ruhe gelassen stehenbleibt. Es soll für das Tier ein Punkt zum Ausruhen sein. Wie weit dieser vom Hänger entfernt ist, ist völlig gleichgültig. In dieser sicheren Entfernung bleiben wir nun lange stehen und loben und streicheln unser Pferd. Falls es sich zu einem späteren Zeitpunkt unseres Verladetrainings doch einmal über Gebühr aufregen sollte, so kehren wir wieder an diesen Punkt zurück, wo es sich sicher sein kann, ausruhen zu können.

Das Pferd muß völlig ruhig und entspannt sein, bevor wir mit dem Training fortfahren. Nun geben Sie ihm die Hilfe zum Vorwärtsgehen, indem Sie Ihre Hand in Richtung Kruppe anheben. Sollte es nicht reagieren, tippen Sie es mit der Gerte an, bis es sich in Bewegung setzt. Sollte es rückwärts gehen, verstärken Sie den Impuls mit der Gerte. Macht das Pferd auch nur einen kleinen Schritt vorwärts, hören wir sofort mit der Hilfe auf und laufen auf den Hänger zu, bis das Pferd stehenbleibt. Wir streicheln und loben es und lassen uns viel Zeit, bis das Tier wieder völlig ruhig und entspannt steht. Es kann natürlich – je nach Pferd – unterschiedlich lange dauern, bis Sie zumindest kurz vor der Einstiegsrampe des Hängers angekommen sind. Ab diesem Zeitpunkt ist es unwahrscheinlich, daß das Pferd Schritte nach vorwärts macht, wie zuvor. Auch hier geben wir nun das bekannte Signal zum Vorwärtsgehen. Das Tier wird nur noch eine Vorwärtstendenz zeigen. Es lehnt sich zum Beispiel nach vorne, es nimmt den Kopf tief oder es setzt einen Hinterfuß weiter nach vorne, ohne die Vorderbeine zu bewegen. Jeden dieser Impulse müssen wir sofort wahrnehmen und dementsprechend positiv darauf reagieren, indem wir das Pferd ausführlich loben. Bei der kleinsten Andeutung einer Vorwärtsbewegung unterlassen wir sofort jeglichen Gerteneinsatz und loben das Pferd. Es soll wiederum völlig ruhig und entspannt stehen, und wir geben keinen Impuls zum weitergehen, bevor dies nicht der Fall ist. Das Senken des Kopfes ist eines der besten Zeichen dafür, daß das Pferd im Prinzip dazu bereit ist, in den Hänger hineinzugehen. Aber lassen Sie ihm die Zeit, sich alles anzuschauen und in Ruhe überlegen zu können. Wenden Sie keinen Zwang an. Meist bewegt das Pferd mit der Zeit die Hinterbeine immer weiter an die Vorderbeine heran, so daß es irgendwann ein Vorderbein auf die Rampe stellen muß, um seine Muskulatur zu entlasten. Dann steht es mit einem Fuß auf

Schon fast erwachsen

der Rampe, ohne jedoch irgendein Gewicht darauf zu verlagern. Lassen Sie das Pferd ruhig stehen, damit es nicht unruhig wird. Sollte es das Vorderbein wieder zurückziehen, dann geben Sie wieder einen Impuls zum Vorwärtsgehen, bis das Vorderbein wieder auf der Rampe steht. Wenn Sie dem Pferd dafür ausreichend Zeit lassen, wird es bald das zweite Bein dazu stellen. Dann wird es sein Gewicht nach vorne verlagern, und bald wird es die Nase in den Hänger strecken. Es kann auch sein, daß es vor lauter Unsicherheit beginnt, mit dem Vorderhuf zu scharren. Unterbinden Sie es nicht, es wird sich schnell genug von alleine geben. Jetzt steht das Pferd mit allen vier Beinen auf der Rampe. Dann dauert es nicht mehr lange, bis es einen Fuß in den Hänger setzen wird. Meistens wird es diesen Fuß recht schnell wieder zurückziehen. Warten Sie, bis das Pferd wieder völlig ruhig ist, denn so merkt es, daß es wieder aus dem dunklen Hänger heraus kann. Wir geben wieder den Vorwärtsimpuls und lassen dem Tier Zeit, Millimeter für Millimeter darauf zu reagieren. Den Führstrick haben wir rechtzeitig über den Hals des Pferdes geschlungen, so daß wir ihn loslassen können, wenn das Tier in den Hänger hineingeht. Wir fahren wie beschrieben fort, bis das Pferd mit beiden Vorderbeinen im Hänger steht. Nun wird es nicht mehr lange dauern, bis die Hinterbeine hinterher folgen. Aber lassen Sie sich auch hier genügend Zeit, sonst läuft das Pferd plötzlich schnell rückwärts aus dem Hänger und Sie müssen wieder von vorne beginnen.

Steht das Pferd im Hänger, lassen Sie es dort ruhig stehen, binden Sie es nicht an, sondern loben und streicheln Sie es. Das Hinausgehen wird kein Problem darstellen, da das Tier die Übungen vom Boden aus kennt. Achten Sie darauf, daß das Pferd nicht rückwärts aus dem Hänger stürmt, und kontrollieren Sie auch hier jeden Schritt. Das gibt Ihnen auch die Möglichkeit, das Tier zu korrigieren, damit es nicht über die seitliche Kante der Verladerampe fällt, wenn es schräg darauf steht! Lassen Sie es auch hier immer wieder ruhig stehen, und loben Sie Ihr Pferd.

Denken Sie nicht, daß das Pferd, weil es jetzt einmal im Hänger war, das nächste Mal gleich ohne zu zögern hineingehen wird. Nehmen Sie sich wieder genügend Zeit, und versuchen Sie es von neuem. Wahrscheinlich geht es jedesmal zügiger, und nach 20 oder 30 Mal können Sie Ihr Pferd frei in den Hänger schicken und wieder hinaus. Wenn es das erste Mal von alleine hineingeht, bleiben Sie ruhig draußen stehen und warten, bis es von alleine wieder herauskommt. Dann loben Sie es überschwenglich und schicken es wieder hinein. Fällt das Tier dazwischen in alte Fehler zurück, so lassen Sie sich nicht beirren! Regen Sie sich nicht auf, sondern arbeiten Sie ruhig und gelassen weiter wie am Anfang! Es braucht einige Zeit, bis wir diesen Vorgang des Verladens beim Tier wirklich fest verankert haben. Wenn das Pferd dies einige Male gemacht hat, können Sie ruhig auf den Hänger zugehen, einsteigen und in die leere Box neben Ihrem Tier gehen, um es dann durch ein kurzes Zupfen am Führstrick und ein Stimmkommando dazu aufzufordern, wieder auszusteigen. Loben Sie Ihr Pferd, sobald es den Hänger verläßt, und schicken Sie es nach ein paar Minuten wieder hinein. Es wird nicht lange dauern, und Ihr Pferd wird auf Zuruf von alleine hinein- und hinausgehen. Bevor Sie das erste Mal die Hängerklappe schließen, klappern Sie mit irgendwelchen Gerätschaften hinter dem Tier, damit es nicht erschrickt, wenn die Klappe beim Schließen Geräusche verursacht. Beim Verschließen der Klappe sollten Sie darauf achten, daß das Pferd im Hänger bereits völlig ruhig und zufrieden steht.

Sie müssen diese Übungen nicht alle an einem Tag absolvieren, sondern können mit den ersten Schritten beginnen und jederzeit abbrechen. Beachten Sie dabei einfach, daß Sie an einem positiven Punkt aufhören, an dem Sie das Pferd loben.

Diese Verladetechnik läßt sich in unendlich viele Einzelschritte unterteilen, wobei Sie nach jedem einzelnen aufhören können. Es geht nicht darum, das Pferd sofort in den Hänger zu bekommen, sondern erst einmal nur darum, daß das Tier auf unser Signal hin eine Vorwärtsbewegung ausführt. Sind Sie so weit, daß Sie das Pferd aus dem Hänger heraus- und wieder hineinschicken können, dann üben Sie dies ein paar Tage hintereinander, damit es dem Tier im Gedächtnis bleibt. Nun ist auch der Zeitpunkt gekommen, an dem Sie das erste Mal mit dem Hänger gefahrlos fahren können.

BELOHNUNG UND STRAFE

Letztendlich sind dies Dinge, die ein angenehmes oder unangenehmes Gefühl mit bestimmten Verhaltensweisen verbinden. Damit ein Pferd eine Belohnung oder eine Strafe in unmittelbaren Zusammenhang mit seinem Verhalten bringen kann, muß sie sofort erfolgen. Im besten Fall wird schon der Ansatz eines erwünschten oder unerwünschten Verhaltens belohnt beziehungsweise bestraft. Eine sofortige, gerechte Strafe festigt das Vertrauen des Pferdes in den Menschen, da dieser dadurch für das Tier berechenbar wird. Natürlich sollte man stets bemüht sein, mehr zu loben als zu strafen, und es liegt an einem selbst, genügend passende Situationen für das Pferd zu provozieren, um es dementsprechend oft loben zu können.

Gewisse Verhaltensweisen darf man einem Pferd allerdings nie durchgehen lassen, sie müssen unverzüglich strikt unterbunden werden, da sie die Autorität des Menschen untergraben. Dazu gehören zum Beispiel Anrempeleien, Schnappen oder auch nur die bloße Andeutung, nach einem auszuschlagen.

Belohnungen

Nun, jedem werden hierbei als erstes die bekannten Leckerli einfallen, die zweifelsfrei zu den Belohnungen gehören. Selbstverständlich kann man sie für diese Zwecke einsetzen, dazu sind sie da. Bei manchen Pferden muß man die Situationen allerdings mit großer Sorgfalt auswählen und darf nicht zu oft zu dieser Belohnungsmethode greifen, da die Tiere sonst leicht zudringlich werden könnten. Selbst das Rascheln einer Plastiktüte kann manch ein Pferd bereits von einer Aufgabe – weniger aus Furcht vor dem Geräusch, sondern weil es Leckerlis erwartet – ablenken. Bei verschiedenen Lektionen an der Hand oder auch am Ende des Trainings kann man aber gerne auf die geliebten Leckerli zurückgreifen. Allerdings müssen Sie darauf achten, daß das Pferd die Lektionen auch ausübt, wenn es später einmal kein Futter als Belohnung dafür erhält. Man kann dabei zum Beispiel folgendermaßen vorgehen: Bei einer schwierigen neuen Lektion bekommt das Pferd auch bei Teilschritten ein Leckerli als Belohnung. Sitzt die ganze Übung, gibt es das Leckerli nur nach Beendigung der

Lektion. Danach gibt es nicht mehr jedes Mal eine Belohnung nach der Übung, sondern wir schließen sofort eine neue Lektion an, die dann belohnt wird. Andernfalls kann es passieren, daß sich manch ein Pferd nach jeder Lektion zu einem umdreht, weil es eine Belohnung erwartet, und sich strikt weigert, weiterzumachen, bevor es diese nicht erhalten hat.

Ruhepausen sind eine sehr sinnvolle Belohnung. Lassen Sie Ihr Pferd einfach nach einer schwierigen Lektion stehen und ausruhen. Es soll ruhig und entspannt stehen, ohne daß wir etwas von ihm fordern. Allerdings muß das Pferd dies schon gelernt haben, denn es darf, wenn es aufgehalftert ist, nicht fressen. Es soll auch sonst nicht nervös um uns herumtanzen. Sobald das Pferd aber gelernt hat, ruhig stehenzubleiben, wird dies sehr schnell zu einer Belohnung. Außerdem gibt es dem Pferd die Gelegenheit, die ganze Lektion noch einmal zu durchdenken und danach abzuschalten. Ein entspanntes Pferd ist ruhig und gelassen, und wir können anschließend wieder konzentriert weiterarbeiten.

Auch die Stimme kann sehr gut als Belohnung eingesetzt werden. Wenn wir mit tiefer Stimmlage, langsam, ruhig und mit vielen Vokalen

Ein Pferd bleibt nur liegen, wenn es grenzenloses Vertrauen zu seiner Bezugsperson hat

sprechen, wirken wir damit beruhigend auf das Pferd ein. Diese wohltuende Wirkung nimmt ihm den Streß, den es vielleicht durch neue Übungen aufgebaut hatte.

Natürlich kann man auch dem Pferd als Pferd gegenübertreten. Zum Beispiel, indem man ihm den Arm über den Hals legt, wie es die Mutterstute bei ihrem Fohlen zur Beruhigung tut. Wir können dem Tier auch leicht in die Nüstern pusten. Es gibt allerdings durchaus auch solche Pferde, die dies nicht ausstehen können, obgleich es „pferdegerechtes" Verhalten ist. Oder wir kraulen das Pferd an Stellen, an denen es dies besonders gerne mag und die es selbst meist nicht oder nur schwer erreicht. Es gibt also eine Vielzahl an Möglichkeiten, dem Pferd positives Feedback zukommen zu lassen.

Strafen

Die einfachste Strafe setzt man impulsiv ein, es handelt sich um die Stimme. Bei sensiblen Pferden reicht es aus, die Stimme nur leicht zu erheben und die Lautstärke etwas zu erhöhen. Manch ein Pferd kann man allerdings durchaus auch einmal anschreien. Es weiß mit Sicherheit genau, was gemeint ist. Aber auch hier gilt: so wenig wie möglich, aber so viel wie nötig. Schreien wir das Tier bei jeder Kleinigkeit an, so wird es bald nicht mehr auf uns hören. Setzen wir unsere Stimme allerdings wohldosiert ein, so können wir uns mit ihm im Flüsterton unterhalten, und es wird merken, ob wir ihm Positives oder Negatives zu sagen haben.

Die bekannteste Strafe dürfte wohl der Klaps mit der Gerte sein. Damit meint man kein Verprügeln des Pferdes, sondern einen kurzen, festen Klaps. Allerdings sollte man nur in Ausnahmesituationen zu solch einer Strafe greifen, denn die Gerte sollte bei der Bodenarbeit unser verlängerter Arm sein und kein Folterinstrument.

Auch der feste, kurze Ruck am Halfter oder mit der Führkette ist eine Strafe, die durchaus ihre Berechtigung hat, wenn das Pferd ungezogen ist. Allerdings sollte dies auch bewußt als Strafe eingesetzt werden. Oftmals sieht man Pferdehalter, die ständig am Halfter und damit am Kopf ihres Pferdes herumziehen. Das ist zum einen unangenehm für das Pferd, zum anderen stumpft es dadurch auch ab und reagiert, was unsere Wünsche anbelangt, auf seine Weise unsensibel. Das Pferd sollte am Boden so gut erzogen werden, daß es am losen Führstrick ordnungsgemäß neben uns her läuft.

Ansonsten gibt es eine ganze Menge artspezifischer Strafen beziehungsweise Drohungen. Dazu gehört eine drohende Haltung, vermehrtes aufrechtes Ausschreiten, klare Gesten mit erhobenen Armen oder ein kurzes Schlagen, auch angedeutet mit der flachen Hand, dies imitiert das Schlagen mit den Zähnen bei ranghohen Pferden.

Diese Strafen sind keine Strafen im eigentlichen Sinn, sondern dokumentieren unsere hohe Rangstufe und flößen dem Pferd Respekt ein. Dazu gehört auch die Übung, das Pferd rückwärts treten zu lassen. Es kann sowohl als Übung als auch als Strafe eingesetzt werden. Das Rückwärtsrichten ist für ein Pferd sehr anstrengend. Gehe ich frontal und mit erhobenen Armen auf das Pferd zu und scheuche es quasi nach rückwärts, so dokumentiere ich meine Stärke und das Pferd muß nachgeben. Es wird in den folgenden Übungen gehorsamer und aufmerksamer reagieren. Aber auch hier gilt, Strafen nur sehr dosiert einzusetzen. Auch wenn diese, und natürlich auch die Belohnungen, sofort dem Anlaß folgen sollten, so hüten Sie sich, aus Zorn heraus zu strafen, sonst wird ihre Strafe mit Sicherheit unfair ausfallen. Pferde haben ein sehr gutes Gespür für Gerechtigkeit und können sehr nachtragend sein. Es ist nicht nötig, sich über eine unerwünschte Reaktion des Tieres aufzuregen. Das Pferd tut so etwas nicht, um Sie zu verärgern, sondern weil es Sie nicht richtig verstanden hat oder auch die Übung zu schwierig ist. Provozieren Sie keine Situationen, von denen Sie annehmen können, daß Sie Ihr Pferd anschließend strafen müssen. Lenken Sie es lieber mit einer anderen Übung ab, mit der Sie Ihrem Tier ein positives Feedback geben können.

Die beste Korrektur erfolgt, bevor der negative Tatbestand in die Tat umgesetzt wird. Wenn Sie Ihre Wahrnehmung Ihrem Pferd gegenüber immer mehr verfeinern, werden Sie viele Untugenden bemerken, bevor sie noch in die Tat umgesetzt wurden, und Sie können entsprechend leicht darauf reagieren, ohne zu einem späteren Zeitpunkt hart durchgreifen zu müssen. Dazu gehört, daß Sie mit all Ihren Sinnen bei Ihrem Pferd sind, wenn Sie mit ihm arbeiten. Selbstverständlich müssen Sie auch ein Auge für Ihre Umgebung haben, aber unterhalten Sie sich während des Trainings nicht mit irgend jemand, der am Zaun-

rand steht, sondern vertrösten Sie denjenigen auf später und erklären Sie ihm die Situation. Das Pferd nutzt Ihre Unaufmerksamkeit leicht aus und wird dann unnötigerweise dafür bestraft.

TRAININGSAUFBAU

Machen Sie sich Gedanken über Ihren angestrebten Trainingsaufbau. Sie können mit Ihrem Pferd zu viel arbeiten, zu wenig oder falsch. Zu wenig Arbeit bedeutet ein unregelmäßiges Arbeiten mit zu langen Pausen dazwischen, in denen das junge Pferd noch nicht gefestigte Lektionen wieder vergißt. Zu wenig innerhalb der Lektionen, gerade bei einem jungen Pferd, kann es gar nicht geben. Hier verhält es sich wie mit kleinen Kindern, lieber häufiger und dafür kürzer üben. Gerade junge Pferde sind physisch oder psychisch rasch überfordert.

Achten Sie auf ein abwechslungsreiches Trainingsprogramm. Werden immer die gleichen Lektionen hintereinander abgespult, dann langweilen sich gerade intelligente und neugierige Pferde bereits nach kurzer Zeit.

Achten Sie darauf, daß Sie Ihr Trainingsprogramm auf das Alter und die Fähigkeiten des Tieres abstimmen. Ein langsames, phlegmatisches Pferd braucht häufigere Wiederholungen als ein aufgeschlossenes, neugieriges mit schneller Auffassungsgabe.

Allerdings kann man das Pferd bei der Boden- und Longenarbeit auch überfordern beziehungsweise falsch fordern und damit auch verärgern. Bei jungen Tieren muß man als erstes Muskeln, Kondition und Vertrauen aufbauen. Ein junges, ungymnastiziertes Pferd darf man nicht auf einem engen Zirkel galoppieren lassen, dies ist schädlich für seine noch ungeforderten, ungefestigten Sehnen und Gelenke. Durch das ständige Wiederholen derselben Lektionen werden auch bestimmte Muskelgruppen verspannt. Achten Sie daher darauf, auch immer wieder Bewegungsübungen mit ins Programm aufzunehmen, bei denen sich das Pferd lockern kann. Wechseln Sie ab mit der Arbeit an der Hand, im Roundpen und an der Longe, oder gehen Sie dazwischen mit Ihrem Jungpferd einfach einmal spazieren. Nehmen Sie dazu am Anfang die Mutter mit, später ein anderes erfahrenes älteres Pferd, das dem Jungpferd eine entsprechende Sicherheit vermitteln kann. Dann verbindet es die Arbeit immer mit etwas Angenehmem.

Jedes Pferd reagiert anders, und jedes fürchtet sich auch vor etwas anderem. Beginnen Sie das Training mit leichten Übungen, die das Pferd mit Sicherheit richtig absolviert, und loben Sie es ausgiebig. Dann können Sie zu neuen Übungen übergehen. Denken Sie daran, bei einem positiven Ergebnis, auch wenn es nur ein Teilergebnis sein sollte, abzubrechen oder zum Abschluß ein paar einfache Übungen zu machen, damit Sie das Pferd am Ende ausreichend loben können. Auch der Pferdehalter freut sich über einen positiven Abschluß.

Halten Sie sich auch vor Augen, daß nicht nur Menschen bisweilen einen schlechten Tag haben, sondern auch Pferde. Tragen Sie keinen Ärger, den Sie im Laufe des Tages erlebt haben, oder irgendwelche Sorgen und Nötc mit in Ihr Training. Sollte Sie ein anderes Thema über Gebühr beschäftigen, so verzichten Sie lieber auf das Training, als mit Ihrem Pferd unaufmerksam, und damit auch höchstwahrscheinlich unfair, zu arbeiten. Hat das Tier einmal einen schlechten Tag, sollte man sich, auch wenn man darauf nicht immer Rücksicht nehmen kann, mit einfacheren Übungen zufriedengeben. Dies ist dann nämlich nicht der richtige Zeitpunkt, um irgendwelche anspruchsvolle neue Übungen zu beginnen, die nur den Unmut des Pferdes hervorrufen würden. Provozieren Sie damit keine Mißerfolge. Die Arbeit sollte immer mit einem zufriedenen, ruhigen Pferd abgeschlossen werden, damit es seine Mühen immer mit positiven Empfindungen, wie Entspannung und Zufriedenheit, in Verbindung bringt und nicht mit Hektik und nervöser Spannung.

Ein ausgeglichenes Pferd steht mit gesenktem Hals ruhig auf der Stelle. Die Nüstern sind offen, das Kinn entspannt. Die Augen blicken aufmerksam oder träge, manchmal sind sie halb geschlossen. Der Schweif hängt ruhig herab. Das hektische oder schlechtgelaunte Pferd reißt dagegen die Augen auf, legt die Ohren an, tritt unruhig hin und her und schlägt mit dem Schweif. Die Nüstern sind halb geschlossen oder gekräuselt, das Kinn ist verkniffen, das Tier will von seiner Außenwelt nichts wissen. Versuchen Sie den Grund für die jeweilige Stimmung des Pferdes herauszufinden. Ist es vor der Arbeit

schon schlecht gelaunt, so liegt dies sicherlich außerhalb Ihres Einwirkungsbereiches. Es bleibt höchstens festzustellen, ob das Pferd auch tatsächlich gesund ist. Wird es jedoch im Verlauf der Arbeit immer unzufriedener, unrunder, nervöser und störrischer, so sollten Sie schleunigst Ihr Trainingsprogramm überdenken, es ist bestimmt das verkehrte für Ihr Pferd.

Arbeiten Sie nie mit Ihrem Tier, wenn Sie unter Zeitdruck stehen. Selbst wenn Sie nur wenige und einfache Übungen mit ihm absolvieren wollen, sind Sie doch angespannter als sonst. Dies merkt das Pferd rasch, und es wird mit Ungehorsam darauf reagieren. Dann müssen Sie sich durchsetzen und haben unter Umständen Schwierigkeiten, das Training in diesem kurz bemessenen Zeitrahmen zu einem positiven Ende zu führen.